Г

СТРАСТИ ПО ЭЗОПУ
ИЛИ НЕСКОЛЬКО ДНЕЙ
ИЗ ЖИЗНИ РАБА

PRIMAVERA
PRESS

USA
2015

Георгий Фрумкер

Страсти по Эзопу
или Несколько дней из жизни раба

Copyright © 2015 George Frumker
George Frumker
Strasti po Ezopu

Макет, дизайн, обложка - *Алексей Лоскутов*

ISBN: 1500865966

ISBN-13: 978-1500865962

Инге и Мишелке

Кто-то хочет залезть на Памир.
Кто-то хочет залезть на Парнас.
Мы с иронией смотрим на мир,
Мир с иронией смотрит на нас...

СОДЕРЖАНИЕ

ПРЕДИСЛОВИЕ

Георгий Фрумкер начинал творческую деятельность как автор 16-й страницы «Литературной Газеты» в разделе «ТЭС» (толково—этимологический словарь). Вы наверняка не раз сталкивались и сталкиваетесь с фразами и стихами Георгия Фрумкера. Его давно уже растащили на афоризмы, читают со сцены, цитируют и перепечатывают, а многие четверостишия называют «народными анекдотами в стихах».

Семёна Кирсанова называли «Акробатом пера», а определение «Мастер фигурного слова» как нельзя более подходит Фрумкеру. Его стихи настолько легки в чтении, что мгновенно запоминаются. Автор свободно владеет всеми жанрами юмористической литературы — от коротких афоризмов до сказки в стихах, от «моноскриптов» до иронической повести. Читатель с хорошим чувством юмора и хорошим чувством слова всегда сможет выделить произведения Георгия Фрумкера — ведь у кого ещё из современных юмористов можно найти такое сочетание юмора, эрудиции и блестящего стихосложения.

Признаюсь — с вежливым поклоном:
В тебе живут мудрец и клоун,
И пусть они, мудрец и шут,
Друг друга не переживут.

Юрий Кушак,
поэт, главный редактор Антологии
Сатиры и Юмора XX века

ПОПЫТКА АВТОБИОГРАФИИ

У меня, земля, немалая семья:
Все смеющиеся - близкие мои.
Леонид Семаков

Итак, я родился. Пускай не научный, но факт. От фактов научных моё поколенье устало... Одно вам скажу: если есть у вас всё-таки такт — хоть я и не женщина, спрашивать год не пристало.

Родился я в Киеве. Это сегодня не плюс. Другая страна. Но теперь уже поздно бить в било... А был же когда-то огромный Советский Союз!.. Я, впрочем, добавлю: сейчас уже многое «было»...

Немного отвлёкся... Учился, спустя рукава. И, честно признаюсь, товарищам не был примером. И кем только не был! Не был «октябрёнком» сперва, а после, естественно, так и не стал пионером.

Но правду скажу — хулиганом я вовсе не рос. Не дрался, и не был знаком — не поверите — с матом. Я много читал. А мучительный женский вопрос меня волновать начал в классе шестом... Или пятом?..

Ах, школьные годы!.. Увы, я не шёл на медаль. Да что там медаль... Не добился я в школе успехов... Ну, не было времени... Фет, Голсуорси, Стендаль, и Ильф, и Петров, и Набоков, и Зощенко, Чехов...

А сколько мне школьной пришлось прочитать чепухи! Чтоб «тройки» хотя бы... А что — это тоже отметки... Но помню, что с детства меня волновали стихи. Писал где попало... Собрать бы сейчас все салфетки, обрывки газет, по которым плясал карандаш... А, может, они и лежат у кого-нибудь дома? Тут спросят меня: «Что ты сделашь с ними — издашь?» Да нет, не издам. Ну, а было бы полных три тома...

Потом сигареты. В кино на последний сеанс. Никто не ругал, и никто не натягивал вожжи... Обычный ребёнок. Спиртное, бильярд, преферанс... Ну, ладно, шучу. Закурил я значительно позже.

Как вспомню что было — впадаю то в ступор, то в транс... «ЛГ», Театральная студия, с водкою пиво... А что удивляться — гастроли... я вёл конферанс... А водка и сцена — совсем уж не дивное диво...

И брак, и холера сплелись как-то в общий клубок... Рассказывать долго могу, но мне хочется кратко. Так вот, из Одессы я быстренько выбраться смог. Из брака же я выбирался три долгих десятка...

Ну, как объяснить мне к стихам неуёмную страсть. Что можно писать — получал я советы от мэтра... Не спорил, писал. Но стихи мои начали красть. Доказывать всем — что моё, как плевать против ветра.

И вот эмиграция, словно последний редут. Возможно, ошибка, хотя и считал я наивно: как можно писать, если внаглую строчки крадут? Конечно, не повод, но всё-таки очень противно...

Америка, годы застоя, как в СССР. Работа... всё скучно и всё для меня мимо кассы. Вот влился бы в массы! Нашёл бы достойный пример! Пусть плохо, но я, как всегда, выливаюсь из массы.

На круги своя возвратится и ветер... И град. И снег, и цунами... Любая другая стихия. Стихие попроще. Стихия не знает преград... Да что философствовать?! Просто, как прежде, стихи я опять на салфетках, опять на обрывках газет вновь начал писать... Может, с нервов снимал я нагрузки? А если не верите — вам подтвердит мой сосед. Хотите — спросите. Он, правда, ни слова по-русски.

И вот наступил этот сладко-мучительный миг, хотя, признаюсь, что я долго шёл к этому мигу. Как сложно понять, если нет у вас изданных книг — в руках я держал свою первую тонкую книгу...

Потом закрутилось: вторая, четвёртая, но, хотя и привычно уже, словно шара вращенье, и если задуматься, первая вышла давно, а как же свежо до сих пор от неё ощущенье!..

Опять же «ЛГ», словно не было разных преград. И снова гастроли, и снова, естественно, сцена. Не буду лукавить. Я был возвращению рад. На сердце бальзам, о котором не знал Авиценна...

Прибавилось книг — всё сложнее мне их сосчитать. Газеты, ТВ, интервью. И приятно и лестно. И важно: всё то, что со сцены хочу я читать — читаю всегда и везде. Ну... почти повсеместно.

А гала-концерты!.. Но тут, кулачками грозя, (открытость и честность меня до сих пор потрясают) сказал мне редактор: «Вы что!.. Эпиграммы — нельзя!!» И правда — из телепрограммы меня вырезают!

Мне как-то сказали: «Всё то, что ты делаешь — в масть. Легко и смешно, ну, а это — залоги успеха». Возможно, смешно — но опять меня начали красть. И кто-то хохочет. А мне, признаюсь, не до смеха.

Ну, что ж, плагиаторы, честно — вам честь и хвала. Хвала бородатым мужам и парнишкам безусым. Пускай вам природа таланта творить не дала, зато обладаете вы поэтическим вкусом.

Спросили однажды меня: «Ты подумай и взвесь, ведь опыт большой — где же лучше живётся в итоге?» Отвечу я просто: и там мой читатель, и здесь. Но долго лететь. И не очень приятно в дороге.

Не вся биография мною отображена. Пусть кто-то считает супругу тяжёлой обузой, я снова женат. И скажу вам, что редко жена бывает прекрасной женой и чудесною Музой.

Ещё пару строчек всего и сейчас замолчу, писать мне легко — я же рифмами с детства играюсь. На этом я временно точку поставить хочу. Но точку на творчестве ставить я не собираюсь...

А творчество — это сплетение сцены и слов... А тут ещё счастье, которое пьёшь по глоточку, и радость прекрасных, чудесных и сбывшихся снов! Жена родила мне прелестную, нежную дочку!

Чуток отошёл я от сцены, от рифм и проз, но всё же вернуться в свою колею постараюсь... Хоть выстлан мой путь из шипов, с малой толикой роз, но ставить я точку ни в чём ещё не собираюсь!

Георгий Фрумкер

СТРАСТИ ПО ЭЗОПУ
ИЛИ НЕСКОЛЬКО ДНЕЙ
ИЗ ЖИЗНИ РАБА

*Пьеса в стихах по мотивам Г. Фигейредо
и древнегреческого фольклора*

Действующие лица

Эзоп — раб, сочинитель басен

Ксанф — греческий философ

Клея — жена Ксанфа

Мелита — рабыня

Аминда — рабыня

Агностос — начальник стражи из Афин

Хризипп — философ

Торговец рабами

Продавец на базаре

Рабыня на базаре

Ученики Ксанфа

Центральная площадь в Афинах, где собираются философы. Толпа народа слушает разговор Хризиппа и Ксанфа. В толпе и Аминда, рабыня Ксанфа.

Х р и з и п п
(*развалившись*)

Недавно, Ксанф, мне долетела весть,
Что у тебя что хочешь в доме есть...

К с а н ф
(*самоуверенно смотрит на Хризиппа и потягивается...*)

Конечно, есть. Любая вещь есть в доме.

Х р и з и п п

Да не тянись ты в сладостной истоме!
Скажи нам прямо: хочешь уберечь
Богатство - и его с собой таскаешь?

К с а н ф

На что, скажи, Хризипп, ты намекаешь?..
Да объясни, о чём ведёшь ты речь?

Х р и з и п п
(*насмешливо*)

О вещи! И она всегда с тобою!
И главное – не сбросить, не забыть!

К с а н ф
(*раздражаясь*)

Да как, Хризипп, такое может быть?..
И что, в конце коцов, всегда со мною?!

Х р и з и п п
(*издевательски продолжает*)

Бывает так! А вещь-то дорога!

К с а н ф
(*почти кричит*)

Да что всегда со мной?!

Х р и з и п п

Твои рога!

Толпа радостно хохочет.

**Дом богатого философа Ксанфа. Рабыня Мелита уб-
лажает маслами жену Ксанфа – Клею. Запыхавшись,
вбегает Аминда и торопливо пересказывает диа-
лог...**

К л е я
(*недоверчиво*)

Ты это видела?!

А м и н д а

Да, видела! Хризипп
На площади шутил над Ксанфом глупо.
Себя вёл вызывающе и грубо,
И так смеялся, что слегка охрип.

М е л и т а

Вот странно. И уже не в первый раз
Хризипп над Ксанфом шутит неумело.

К л е я

Да как – неважно. Тут не в этом дело...
Ну, что ж, тебе спасибо за рассказ.

А м и н д а

Была я близко. Всё мне было видно.

К л е я
(*иронично*)

Ты для рабыни слишком любопытна!

(*Аминда уходит*)

М е л и т а
(*возмущенно*)

Подлец Хризипп!

К л е я

Да, сплетник и подлец!
И ко всему – прилипчив, словно тесто:
Я помню, как-то он ко мне подлез,
Но я его поставила на место!
Он не дурак, хитёр... И я хитра!
И всё ж Хризиппа я не понимаю -
Явиться без подарков. В семь утра...
А Ксанфу я почти не изменяю.

(*раздумчиво*)

Ну, кто там был... Да все наперечёт -
Приезжие... Вот посудите сами...
С рабами – да! Но это же не в счёт...
Ну, в самом деле – что считать с рабами!

Домой возвращается Ксанф.
Он немного расстроен разговором с Хризиппом.

К л е я
(сварливо)

Ах, ты явился! Ну, скажи, тебе пристало
Бродить и на базаре сплетни слушать?
От глупостей твоих я, Ксанф, устала!

(уже спокойнее)

Аминда! Принеси-ка нам покушать.
Подай нам фруктов. Фруктов и вина...

(Ксанфу)

Я знаю – поругался ты с Хризиппом,
Но это, впрочем, и твоя вина:
Зачем тебе общаться с мерзким типом?
Тебя я не хотела огорчать:
Хризипп ко мне всё набивался в гости.
Я подлецов умею отличать,
Вот и болтает он теперь со злости.
Характер у него, как у кота.
Но, дорогой, всему же есть предел!..

К с а н ф
(принимая позу оратора)

Обычно целомудренна лишь та,
Которую никто не захотел.

(продолжает, но явно фальшиво)

Я до сих пор любовью поражен!

(полуутвердительно)

А ты верна мне?!

К л е я
(включаясь в игру)

Да, верна, не скрою...
И я, любимый, думаю порою,
Что с той войны... Я говорю про Трою,
На свете не было ещё вернее жён!
Но вот Хризипп...

К с а н ф
(отмахиваясь)

Да пусть себе бормочет...
Я как-нибудь болвана проучу.

(заигрывая)

Ответь-ка лучше мне, что Клея хочет?..
Ну, хочешь пеплос?

К л е я

Я раба хочу.
Зачем мне пеплос? У меня их много.
А вот рабов всего лишь только три...

К с а н ф
(с сарказмом)

Естественно, ты хочешь молодого?

К л е я
(мурлыча)

Желательно. Ну, Ксанфик, посмотри:
Вот у жены Неокла их – штук десять,
А ей уже совсем немало лет!..

К с а н ф

Жену Неокла надобно повесить!
Развратница, каких не видел свет.
Я помню как-то раз...

(задумчиво)

Рабов всего лишь три...
Ну, хорошо, куплю, кого захочешь.

К л е я

Нет, подожди! Давай договори!
Что «как-то раз»?

К с а н ф
(устало)

Ты голову морочишь...
И я уже забыл, что раз там, или два...
Сама же видишь – я сижу едва.
Пойду поспплю... Твой Ксанф устал с дороги...
Пришли Мелиту, чтоб помыла ноги.

К л е я
(саркастично)

Ага. А как же! Ну, нашёл ты дуру!
А то не знаю я твою натуру!
Как будто непонятно, что в итоге...
Прислать Мелиту, чтоб помыла ноги!!!
Да я сама! Вот этими руками...

К с а н ф

Я лучше лягу с грязными ногами.

Шумный базар на окраине Афин. Продаются рабы и рабыни. Ксанф приценивается...

Р а б ы н я – Ксанфу
(стараясь заинтересовать)

Купи меня, богатый человек,
Поверь, я так прелестна под хитоном!

К с а н ф

У нас какой-то очень странный век...
Не говори со мной развязным тоном.

Р а б ы н я
(просяще)

Ну дай хотя бы за меня обол.

К с а н ф

Видали вы подобную нахалку?!
Обол? Да за тебя не дам и пол!
Да что там – пол... Не дам я даже халку...

Т о р г о в е ц рабами - Ксанфу

А глянь на этого!.. Дашь полудрахму – твой.

К с а н ф

А как зовут?

Т о р г о в е ц

Эзоп.

К с а н ф

Каков уродец!

Т о р г о в е ц
(*со вздохом*)

Ох, странный в нашем городе народец...

(*грустно рассматривает Эзопа*)

Да, он хромает, да, чуток кривой...
Да, некрасив Эзоп! Но он не зол,
Послушен, а таких не очень много.
Ну, а уродство – это же от Бога...
А как продать?!.. Хотя бы за обол?..

(*с надеждой*)

Скажи мне, Ксанф, ты всё-таки философ,
Но не давай мне дружеских советов...
Философ не уходит от вопросов!

Э з о п

Философы уходят от ответов.

К с а н ф
(*потрясенно*)

Вот это да!.. Эзоп мне по душе!
И будет с кем беседовать порою,
А то приятели – тут правды я не скрою -
Слегка поднадоели мне уже.
Всё философствуют, а мыслей - ни на грош.
Такое мелят... Просто не поймёшь.

Ксанф расплачивается с Торговцем.
Он уже начисто забыл, что приходил на базар покупать раба для Клеи.

Т о р г о в е ц   рабами
(принимая оплату за Эзопа)

Ответь мне, Ксанф... тут вот такое дело...
Конечно, если ты об этом знаешь...
Ну, почему – сначала видишь тело,
А ум гораздо позже замечаешь?
Так объясни мне, Ксанф, тебе несложно....

К с а н ф
(застигнут врасплох. Не знает, что ответить)

Об этом я не думал... но... возможно...

Э з о п

А вы давайте рассудите сами:
Вначале тело видите глазами,
Ну, а потом уже – умы и души
Заходят в ваше сердце через уши.
На голову, торговец, погляди!
Сперва глаза, а уши - позади!

К с а н ф
(понимая, что Эзоп умнее его)

Ты давай молчаливее будь.
Так домой не вернёмся и к ночи...

Э з о п

За беседою умных и путь
Получается вдвое короче...

Ксанф

Старых истин, Эзоп, не реки,
Я устал от философов шумных.

(внезапно останавливается и с любопытством спрашивает Эзопа)

Ну, а если идут дураки?

Эзоп

Путь короче, чем даже для умных.

Дом Ксанфа. Клея с нетерпением ждет возвращения мужа.
Входит Ксанф, за ним, прихрамывая, появляется раб.
Клея удивленно смотрит на Эзопа, переводит взгляд на Ксанфа.
Удивление сменяется негодованием.
Ксанф понимая, что объяснить такую покупку невозможно, пытается сохранить лицо...

Ксанф
(с издёвкой)

Ну, Клея, радуйся - раба тебе купил!
Красив и строен! Молод и силён!
Вот посмотри – ну, правда Апполон?!
И денег я немало заплатил...
Ну что. довольна?

Клея
(в ярости)

Да! Вполне довольна!
И я скажу тебе – с меня довольно!..

Я к маме ухожу!.. А этого урода
Как пугало держи для огорода.
Зачем купил ты этого кретина?!
Ты вздумал надо мной шутить, скотина?
Из-за тебя мне хочется повеситься!
Всё!.. Ухожу!

(убегает)

К с а н ф
(машет ей вслед рукой)

Да ладно, перебесится.

Ксанф наливает себе вина, усаживается на скамью и рассматривает стоящего раба.

К с а н ф

Ну, расскажи, Эзоп, кто ты такой.
Я только понял, что умён не в меру...

(иронично)

Сам видишь - в доме у меня покой...

Э з о п

Твоя жена похожа на пантеру,
Но разница меж ними явно есть:
Коль голодна – пантера может съесть,
А Клея, видно, у тебя не та,
И может укусить, когда сыта.

К с а н ф

Бог с ней, с женой. Позлится и забудет.
И от неё ни капли не убудет.
Так всё ж скажи, откуда ты явился?

Э з о п

Когда-то я во Фригии родился.
С тех пор прошло уже немало лет.
Ответь мне, Ксанф, коль это не секрет –
Зачем такие задают вопросы?
На них давно я отвечать устал.
Вопросы часто жалят, словно осы.
Неважно, кем ты был. А важно, кем ты стал.

К с а н ф

И кем же стал? Бродягой и шутом?!
А вдруг меня захочешь обокрасть?
А может, у тебя к убийству страсть?
Не знаю я, кого привёл в свой дом.

Э з о п

Прости, но это глупый разговор.
Ну, кто тебе ответит: «Да , я вор»?
Не спрашивай и времени не трать.
В натуре человеческой – соврать.
Да ты же знаешь – о себе не скажут плохо
Последний проходимец и пройдоха.
И раб соврёт. Он, как последний нищий,
Зависит от твоей, хозяйской, пищи.

К с а н ф
(удивленно-насмешливо)

Да что тебе об этом всём тужить
Мне не понять, Эзоп. Клянусь Элладой!
Удел раба – хозяину служить.
Раб должен пищу получать, чтоб жить...

Э з о п
(задумчиво)

А позже это назовут зарплатой...

Ксанф
(продолжает)

Да, я с тобой согласен, но отчасти.
Возьми и вырви из собачьей пасти
Сырое мясо – искусает пёс,
Пусть даже мясо ты ему принёс.
Так и рабы – хозяина кусают,
Хотя хозяин пищу им бросает.

Эзоп

Какой же раб захочет в рабстве жить...
Быть может, лучше пищу положить,
А не бросать?! Раб всё же не собака.
Но вот вопрос простой: скажи, однако,
А место для чего тебе рожденья?
Где я родился – важно ли теперь?

Ксанф

Да в Греции бытует убежденье,
Что по рожденью агнец ты иль зверь
От звёзд зависит. От расположенья
Тех мест, где ты родился...

Эзоп

Заблужденье.
Известно всем уже давным давно -
На глаз нельзя определить сукно.
Когда хорошего вина захочешь выпить,
То пробуешь на вкус не бочку, а вино.

**Позднее днём в доме у Ксанфа. Клея так и не верну-
лась...**

Ксанф
(растерянно)

Ну, вот, ушла. Я думал, что пугает.

24

Э з о п

Да, человек всегда предполагает,
А всё выходит вовсе и не так.
Ты не печалься, это всё – пустяк.
Вернуть её мне просто и легко.

К с а н ф

А вдруг ушла куда-то далеко?

Э з о п

Меня ты удивляешь, право слово,
Ответь, философ: в чём семьи основа?

К с а н ф

Ну, как…. в любви… К примеру, вот любовь…

Э з о п

Конечно, как всегда - не в глаз, а в бровь.

(*раздумчиво*)

В любовь мне как-то верится с трудом.
Ты, Ксанф – не юноша, а Клея – не девица,
А знаешь ты, чего она боится?
Что ты другую приведёшь в свой дом!
А Клею я верну к исходу дня!

К с а н ф
(*удивленно*)

Ты знаешь, где живёт её родня?

Э з о п

Родня, хозяин, вовсе не при чём.
И без родни я знаю. что почём.
Ты дай мне драхм так эдак пятьдесят.

К с а н ф

Да, аппетиты у тебя, Эзоп, не в меру...
Вот двадцать пять!

Э з о п
(иронично)

Все истины гласят:
«Богач за драхму перейдёт в другую веру».
За двадцать пять ты можешь взять гетеру,
А я купить желаю поросят...

(подумав, добавляет)

И разносолов, не жалея трат.

К с а н ф

Ты что-то очень умный. Как Сократ.
Ну, если же обманешь...

Э з о п

Не волнуйся,
Ты вечером, хозяин, будешь рад.

Базар.
Эзоп ходит и покупает самые дорогие продукты.

П р о д а в е ц
(с любопытством)

Зачем берёшь всё, денег не жалея?
Я просто так, но вот хотелось знать бы...

Э з о п
(негромко)

Да покупаю Ксанфу всё для свадьбы.
Ты знаешь, от него сбежала Клея...

П р о д а в е ц
(недоверчиво)

В твоих речах, прости, так много вздора!

Э з о п
(переходит на полушёпот)

Не верь...
Но появилась Клеодора...
Ксанф сразу её сердце покорил...
Да ты клади мне мясо, а не кости...

(уходя)

Я ничего тебе не говорил,
А то узнает Ксанф – побьёт со злости.
Ну, всё, пошёл, а то прибудут гости,
А я с тобой тут битый час торчу.
Ты обо всём молчи!

П р о д а в е ц
(предвкушая возможность посплетничать)

Молчу, молчу!

Вечером дома у Ксанфа. Ксанф спокойно ужинает.
Врывается разъяренная Клея. Не обращая внима-
ния, что Ксанф в одиночестве, начинает швырять в
него всё, что попадает под руку.

К л е я

Ах, ты подлец! Подлец и негодяй!
Я только на минутку к маме вышла -
И вот, гляди из этого что вышло:
Тебе уже другую подавай!
Запомни, муженёк мой дорогой:
Пока жива – никто в мой дом не ступит!
И это место Клея не уступит!
Не вздумай даже думать о другой!

К с а н ф
(испуган; не понимая, что происходит)

Остановись и внятно расскажи,
И не шуми, и не бушуй, как море.
О ком ведёшь ты речь?

К л е я

О Клеодоре!
Твои мне надоели кутежи...

К с а н ф
(потрясённо)

Какая Клеодора?! Что за бред?
Не стыдно ли тебе поверить слуху!
Я знаю Клеодору, но старуху,
И ей сейчас, как минимум, 100 лет!
Ты мне ответь – какие же кретины
По городу пустили этот слух?

Клея
(успокиваясь)

Не знаю, кто пустил, но все Афины
Об этом говорят...

Ксанф

Одно из двух:
Могли друзья так сделать иль враги.

Клея
(предупреждает уже спокойно)

Ты, Ксанф, меня получше береги,
А то когда-нибудь и вправду соберусь,
Пойду гулять – и больше не вернусь.

**Клея гордо выходит из комнаты.
Ксанф велит позвать Эзопа.**

Ксанф

Ты на базаре слухи распускал,
Что я себе другую подыскал?

Эзоп

Конечно, я. Да ты же знаешь, люди
Потребуют: ты правду – докажи,
Но если ложь им поднести на блюде -
То радостно поверят всякой лжи!

Ксанф
(с недоверием)

Но ты же мог, Эзоп, и ошибиться.
Могла же Клея и не возвратиться...

Э з о п
(с едва уловимым превосходством)

Ты, Ксанф, так и не понял ни черта.
У женщин есть особая черта!
Да, пусть тебя казнят, отравят ядом,
Утопят пусть. Клянусь я головой,
Что женщине спокойней быть вдовой,
Чем думать, что с тобой другая рядом!

Прошло несколько месяцев.

К с а н ф - Эзопу

Эзоп, сегодня мой наказ таков:
Ты обойди моих учеников,
Скажи, что каждый мне назавтра нужен.
А на рассвете на базар пойдёшь
И купишь то, что лучшее найдёшь...

(напыщенно)

Хочу учеников позвать на ужин.

(скрупулёзно отсчитывает драхмы в мешочек)

Ты за ценой следи и за весами,
А то у нас обманщиков не счесть...

(отдаёт мешочек Эзопу и наставительно продолжает)

Но главное – всё лучшее, что есть.

Э з о п

Да я куплю, а там решите сами....

Вечер следующего дня. Ужин у Ксанфа.
Рядом с философом – его ученики, которые ловят
каждое его слово.

К с а н ф
(*отдуваясь*)

Ну, что ж, скажу: язык в вине прекрасен.
Давай ещё неси еду сюда!

**Эзоп приносит блюдо с копчёным языком и блюдо с
отварным языком.**

Опять язык?! Какая–то беда!
Тебе, Эзоп, был мой приказ неясен?
Сказал же я тебе для нас купить
Всё лучшее, что может в мире быть!

Э з о п
(*уверенно*)

Так я купил! Вы мыслите как дети.
Скажи, что лучше языка на свете?!
Без языка не позовёшь соседа,
Без языка беседа – не беседа.
Без языка не скажешь, что влюблён,
Не объяснишь, что чем-то удивлён -
Ну, просто не поймут тебя по тону.
Неужто, Ксанф, не ясно самому,
Что если даже встретят по хитону,
То провожать не станут по уму.

К с а н ф
(*сначала оторопел, но быстро нашёлся*)

Допустим, что ты прав. Тогда же завтра
Я ожидаю вас, друзья, с рассветом.
Готовь, Эзоп, всё худшее на завтрак,
Что сможешь обнаружить в мире этом.

Э з о п

Я, Ксанф, твоим доверьем дорожу.
Уверен, что вас всех я поражу.

К с а н ф

Так пусть тебя наш Зевс и поразит,
Когда не поразишь нас, паразит!

Сам смеётся с учениками над собственным каламбуром.

У ч е н и к
(подобострастно)

Твой каламбур умён, прекрасен, строен.
Конечно, он философа достоин...

Эзоп с удивлением смотрит на ученика.

К с а н ф
(торопливо, не давая Эзопу открыть рта)

Эзоп, запомни: сумма – не преграда.
На завтрак нам подашь всё то, что надо!

Э з о п

Да не успел я, Ксанф, ещё забыть!
Всё худшее, что может в мире быть.

**Завтрак у Ксанфа. Те же ученики.
Эзоп снова приносит язык.**

К с а н ф
(возмущенно)

Да что ты, издеваешься над нами?!

Опять язык? Да ты, Эзоп, подлец!
Я прикажу тебя побить камнями!
И где же правда тут, презренный лжец?!
Вчера ты говорил – язык прекрасен,
А нынче говоришь, что он ужасен!
Тут в логике наметился пробел!
Да ты, Эзоп, за сутки поглупел.

Э з о п

Нет, на меня, хозяин, не греши.
Ты просто сам подумай и реши,
Что худшего не создала природа!
Вот посмотри: у мыслей есть свобода,
Но так болтаем языком порой,
Что может всё закончиться тюрьмой...
И врём мы языком, и предаём,
И даже клятвы верности даём,
Которые немедля нарушаем.
Что говорим – всегда приукрашаем.
Попробуй, с кем-то поделись секретом -
Немедленно все будут знать об этом!
Неважно, умный ты или дурак,
Но знай: язык – твой самый злейший враг!

К с а н ф
(*хвастаясь Эзопом. А что ему остаётся?!*)

Ученики! Что скажете в ответ?

У ч е н и к и
(*хором*)

Да, не дурак Эзоп, тут спору нет.

**К столу подходит Клея. Она слышала объяснения Эзопа, и смотрит на него заинтересованно.
Ксанф уходит с учениками.
Клея остаётся наедине с Эзопом.**

К л е я
(*игриво*)

А ты, как погляжу, совсем непрост.
Пусть некрасив лицом. И малый рост.
Но ты мне мил. И ты других умнее...
Эзоп, надеюсь, не откажет Клее.
Придёт он к ней и успокоит душу.

Э з о п

Нет, Клея.

К л е я

Почему?

Э з о п

Да просто трушу!
Поскольку не в душе тут вовсе дело,
А Клея успокоить хочет тело.
Куда ни повернись – одно и тоже:
Раба к себе хозяйка тянет в ложе.
Ты даром, Клея, времени не трать!
Узнает Ксанф - и мне несдобровать.

К л е я

Но выбора, Эзоп, как видишь, нету.
Откажешься прийти – сживу со свету.
Пожалуюсь я Ксафу и скажу,
Что ты в меня уже успел влюбиться,
(Ну, а рабу такое не годится!)
Что мужниной я честью дорожу...
А Ксанф поверит, если Клея скажет,
И он тебя немедленно накажет.

Э з о п

Да нет в тебе ни совести, ни чести!

К л е я
(*с сарказмом*)

Такой я не слыхала раньше лести...

(*продолжает громче*)

Да мне плевать на совесть и на честь!

(*спокойнее*)

Но цель-то у меня, конечно, есть.
Такая вот, Эзоп, у нас эпоха.
Забудь про ум, про совесть и про честь.
Могу об этом лекцию прочесть,
Поверь, я и без них живу неплохо.

(*продолжает заигрывать с Эзопом*)

И как бы не пришлось тебе жалеть.
Давай сейчас мы просто сбросим маски.
Есть выбор у тебя: от Клеи – ласки,
От Ксанфа...

Э з о п

Не дурак. От Ксанфа – плеть.

К л е я

Так выбирай, не лучше ль нам дружить?..

Э з о п

Да, выбор нам всегда мешает жить.

(продолжает)

Однажды Лань загнал в пещеру страх.
Спасаясь от охотников в горах,
В расщелину вбежала, но – увы! -
В пещере этой оказались львы!
Лань не успела даже удивиться,
Как кости ей переломала львица.
А в Лань охотник мог и не попасть,
Но пострашней стрелы у львицы пасть.
Никто не знает никогда,
Где может нас настичь беда!

К л е я
(смеётся)

Эзоп, хоть ты ещё поэт к тому ж,
Но будешь ублажать меня отныне,
И вечером, когда уснёт мой муж,
Я жду тебя на женской половине....

**Вечер. Чужие рабы приносят пьяного Ксанфа.
В руке у него какой-то пергамент.**

К л е я
(растерянно и вместе с тем возмущенно)

Что скажут респектабельные греки?..
Философ пьёт, как нищие метеки!
Гиматий порван, без сандалий... Стыд и срам!

К с а н ф
(заплетающимся языком)

А ты давай спокойнее...Без драм...

(пьяно мычит)

Да, пьянство принесло немало бед.
Все пили: Демосфены, Пифагоры...
Да что там говорить – сам Архимед
И тот по пьянке требовал опоры.

Пытается на что-то опереться, но падает и засыпает.

К л е я

Смотри, Эзоп, да он совсем плохой!
Вина, должно быть, выпил целый хой...
И перегар...Такой тяжёлый дух!

**Клея вынимает пергамент из руки пьяного Ксанфа.
Эзоп подходит ближе.**

К л е я

А ну, читай пергамент этот вслух.

Эзоп читает, но про себя. Удивлён, и даже испуган.

Э з о п

О, Боги! Где у Ксанфа голова?!
Прости мне, Клея, и не обессудь...

К л е я

Эзоп! Отбрось ненужные слова
И просто передай конкретно суть!

Э з о п
(в растерянности)

Ксанф подписал ужасный договор,
Который все печатями скрепили...
Они наверно очень много пили.

К л е я

Конечно, раз он пьяный до сих пор.

(с досадой)

Ну, вот дурак. Зачем же он поспорил...
Себя он только этим опозорил...

Э з о п

Да нет, тут дело вовсе не в позоре.
Он подписал, что завтра выпьет.... море.

К л е я

(недоверчиво)

Ну, в это как-то верится с трудом...

Э з о п

Читай...

(Клея читает вслух)

....а если не смогу, тогда мой дом,
Имущество, жена...всё перейдёт...
Да он, клянусь Афиной, идиот!..

Э з о п
(нагловато, понимая, что Клее сейчас не до него)

Пошли в твой гинекей. Ведь скоро ночь
Сейчас я отдохнуть совсем не прочь...

К л е я

Мне как-то нынче не до развлечений.
Ответь, Эзоп, ты сможешь нам помочь?

Эзоп

Как всё меняется у нас в мгновенье ока:
Тебе недавно было одиноко,
А нынче у раба совета просишь.

Клея

Не высоко ли ты себя возносишь?!

Эзоп
(уверенно)

Ты, Клея, лучше сядь. Не торопись.
Ты не глупа, но нужно быть умнее.
А Ксанфу без меня не обойтись,
Так кто сейчас из нас двоих главнее?!

Клея

Ты прав, Эзоп. Сейчас мне лучше сесть.
А совесть, что не мучила ни разу?!

Эзоп
(ехидно)

«Да мне плевать на совесть и на честь!» –
Сказала ты! А я запомнил сразу!
А совесть – нет, она меня не гложет.
Раб пользуется тем, чем только может!

Ксанф рано утром....
**Еще полностью не протрезвел, с ужасом начинает
осознавать, что сделал накануне.**

Ксанф - Эзопу

Давай, садись. Когда на то пошло,
Эзоп, ты знаешь, что произошло...

39

Я подписал... Но пил же я с друзьями!
Да как они могли... так подло... сами...
Слова мне даже трудно подобрать...

Э з о п

Ты попусту эмоции не трать.

К с а н ф
(*распаляясь*)

Чтоб сдохли все они. Чтоб не дышали!
В вино мне явно что-то подмешали!

Э з о п
(*назидательно*)

Хочу тебе сказать я об одном:
Виновных не ищи. Твоя вина!
А дружба, подкреплённая вином,
Непрочна, как сосуды для вина.

К с а н ф

Да, это правда. Спорить тут не смею,
Хоть ты и раб. Но там, на берегу...

(*начинает надуваться самодовольством*)

Ты знаешь, что я многое умею,
И знаешь, что я многое могу...

Э з о п

А ты слыхал ли, Ксанф, такую притчу:
Высокий выбрав для себя утёс,
Высматривал Орёл себе добычу....
Барана увидал и вмиг унёс.
И это из густой зелёной кроны

Украдкой наблюдали две Вороны.
Одна другой сказала: даже странно –
Он утащил худющего барана!
А я теперь свой шанс не упущу -
Я крупного барана утащу!
Слетела, села на барана, но
Ей помешало тонкое руно.
Запуталась! Вот кара ей с небес!
И ни с бараном не взлететь, ни без.
Ворону эту увидал пастух,
И палкой из Вороны вышиб дух!

Ксанф
(устало)

Ты голову мне лучше не морочь.
Скажи мне прямо, сможешь ли помочь.

Эзоп

Ещё два слова, Ксанф, и замолчу.
Но ношу выбирают по плечу!!

(продолжает)

Да ладно, не печалься, тоже горе!
Конечно, ты не можешь выпить море.
Ну, так и быть, тебе я помогу,
Но будешь, Ксанф, ты у меня в долгу.

Ксанф
(задыхаясь от возмущения)

Да пусть я подавлюсь плодом инжира,
Пускай меня увидишь ты в гробу,
Но чтоб хозяин должен был рабу?!
Такого не было от сотворенья мира!

Э з о п
(*смиренно*)

Да, Ксанф, ты прав. Конечно же, ты прав.
И у раба совсем немного прав.

(*продолжает задумчиво*)

Ну, что ж, возможно, победишь ты в споре...

(*жёстко*)

Старайся, Ксанф. Иди и выпей море!

К с а н ф
(*зло*)

Да как ты смеешь?! Хоть об стену лбом
Ты можешь биться! Пусть нас Зевс рассудит!
Но чтобы быть в долгу перед рабом?!
Такого не было и никогда не будет!

Э з о п

Прости раба, я, право же, смущён...
Гляди, светает...

(*Эзоп нарочито зевает*)

День наступит вскоре...
Ответь мне, Ксанф, да буду ль я прощён?..

(*и снова жёстко*)

А ты иди. Иди и выпей море!!!

К с а н ф
(*понимая, что попал в безвыходное положение*)

Ну, хорошо, давай решим мы так –
Вот я тебе, Эзоп, даю здесь слово...

Э з о п
(*тихо, про себя*)

Ничто на свете под луной не ново...

К с а н ф

Ты веришь мне, скажи?

Э з о п
(*иронично*)

Я что – дурак?
Конечно же, я, Ксанф, тебе не верю!

К с а н ф

Ты что – смеёшься?!

Э з о п

Ты меня прости,
Как можно верить загнанному зверю,
Когда он шкуру пробует спасти?!

К с а н ф
(*слегка нагло*)

Ну, а поверить всё-таки придётся.

Э з о п

А что ещё, скажи мне, остаётся?
Конечно, я в твоих руках. Я это знаю
Ну, ладно, Ксанф, запоминай...

К с а н ф

Запоминаю.

Э з о п

Когда у моря соберёшь народ,
Ни с к кем не спорь. Совсем наоборот...
Пусть даже оскорблять начнут. Неважно.
Откроешь только для ответа рот.
«Давай-ка, пей!» — толпа начнёт кричать,
Но сразу им не нужно отвечать...

К с а н ф
(ещё всё-таки не очень трезв со вчерашнего дня)

Вот тут я не уверен. В этом месте...
А вдруг они орать не станут вместе?

Э з о п

Не приходила мысль тебе простая,
Что сборище толпы – всего лишь стая?
Ты думаешь, толпа умней собак?
Тогда у нас не выйдет разговора...
Одна залает – вся залает свора...

Ксанф
(чуть изинящимся тоном)

Нет, нет, я слушаю.

Э з о п

А дальше делай так:
Слегка задумайся...пусть пять минут продлится –
Ты дай толпе побольше распалиться.
Потом с достоинством скажи такую речь:
«Раз обещал – то честь хочу сберечь

Но тут внимание я ваше обращаю,
Что только море выпить обещаю».

К с а н ф
(перебивая Эзопа)

Ещё добавлю я об этом вздоре:
«Никто нигде не может выпить море.
И вы меня, конечно, напоили…»

Э з о п
(Серьёзно)

Меня ты будешь слушать? Или?

К с а н ф

Или!

Э з о п

Прости мне, Ксанф – мои хоть речи дерзки,
Но ты порою выглядишь ослом,
И доводы важны не их числом,
А тем, насколько аргументы вески!

К с а н ф

Ну, хорошо, а что попросишь ты,
Коль выручишь меня ты из беды?
Да, не смогу я выпить моря воды…
Да, верно – я напился как дурак…
И ты был прав: язык – наш худший враг!..
Так что ты хочешь за совет?

Э з о п

Свободы!

К с а н ф
(*раздумчиво. Всё-таки философ*)

Эзоп, ты рассуждаешь, как юнец.
Да можешь осознать же наконец,
Что всякий несвободен в этом мире –
И музыкант, играющий на лире,
Горшечник, раб, хозяин и певец –
Их всех когда-то повезут в гробах...
Зачем же нам противиться природе?..
Мечтает раб совсем не о свободе..

Э з о п

Скажи, о чём?

К с а н ф

Да о своих рабах!
Вот так нас создали. Весь мир теперь таков.
И не смотри, Эзоп, на это мрачно.

Э з о п

Что говорить – для нищих и рабов
Мир, как всегда, построен неудачно...
И всё же, Ксанф, надежду я таю,
Что не забудешь ты моей услуги...
Так ты даёшь мне слово?

К с а н ф

Да, даю.

(*тихо и в сторону*)

О, как наивны все рабы и слуги.

Э з о п

Вернёмся к делу. Подведём итоги.
Толпа шумит, а ты воскликни: «Боги!..»
(Да так, чтоб услыхали в общем хоре):
«Но разве обещал я пить притоки
И речки, что впадают в это море?!
Есть просьба у меня всего одна:
Нет, вам несложно, постарайтесь, греки -
Притоки отделите все и реки.
Тогда и море выпью я до дна!»

К с а н ф
(радостно)

Я понял всё, и я спасён теперь!!
Что обещал – всё сделаю, поверь!
Ты на базар иди, Эзоп, скорее,
А я пойду и расскажу всё Клее.

Э з о п
(саркастично)

Как хвастаться мужья привыкли жёнам,
И об успехах будущих кричать.
Хвалиться нужно только совершённым!
О том, что будет – лучше промолчать.

К с а н ф

Ты прав опять. Опять мне поделом...
Возьми побольше мяса нам к обеду –
Отпразднуем мы вечером победу,
И ты как равный будешь за столом.

Э з о п

Ты, видно, истину давно успел забыть:
Как равным быть – не значит равным быть.

Ксанф

К словам, Эзоп, не нужно придираться.
Сначала дай с друзьями разобраться.

Эзоп
(удивляясь наивности Ксанфа)

Какие там друзья. Себе не лги.
Друзья не поступают, как враги.

Эзоп идёт на базар за мясом, но по дороге встречает Хризиппа.

Хризипп
(заискивающе, хотя Эзоп и раб)

Скажу тебе: я знаю то, что вскоре
Прилюдно Ксанф обязан выпить море.
Но я уверен: как уж не вертись -
Ему тут без тебя не обойтись.

Эзоп
(не хочет продолжать разговор и порывается уйти)

Чего интересуешься ты вдруг?
Хризипп, слыхал, была меж вами ссора?

Хризипп
(прикладывает обе руки к своей груди)

Ты что, Эзоп? Я друг ему. Я друг!

Эзоп

Мне кажется, ты ждёшь его позора.

Хризипп
(не отпускает Эзопа)

Нет, нет, Эзоп! Такого быть не может!
Меня ужасно любопытство гложет.
Ответь, что ты придумал, и на месте
Тебе сто драхм я дам... А то и двести!

Э з о п
(с насмешкой)

Я как-то наблюдал ужасный бой:
Змея с Мангустом дрались меж собой.
В зубах Мангуста извивалось тело...
Ну, а Змея сдаваться не хотела...
Тут мыши повылазили из норок,
Из любопытства сели на пригорок.
«Могу поспорить, что Змея не струсит
И своего противника укусит», –
Сказала очень громко Мышь соседу.
Меж тем, враги услышали беседу
И сразу, заключивши мир до срока,
Сожрали всех мышей в мгновенье ока!
Неважно, кто кого там победил.
Ты мне прости, Хризипп, моё ехидство,
Но вот такой порок, как любопытство
Ни разу до добра не доводил.

**Уходит, но тут же его останавливает Агностос -
Начальник Стражи.**

А г н о с т о с
(строго)

Куда ты направляешься, ответь?
Ты так спешишь, что можешь и упасть!

Э з о п

Спешу туда, куда хочу успеть,
Но не уверен, что смогу попасть!
Куда иду – отдельный разговор.
А попаду ли? Всё известно Богу!

Н а ч а л ь н и к Стражи

Идём! Я покажу тебе дорогу!
Понятно сразу: ты – обычный вор,
Раз мне не отвечаешь на вопрос,
А я - начальник стражи Агностос!
Ты, видно, от хозяина удрал,
И что-то у него, прохвост, украл.
Вот посидишь в тюрьме денёчка три!!

Э з о п
(*стараясь оправдаться*)

Из-за чего такая кутерьма,
За что, скажи мне, страж, грозит тюрьма?
И я был прав, ну, что не говори.

(*добавляет с лёгкой иронией*)

А ни за что сидеть в тюрьме печально...

А г н о с т о с

В чём ты был прав?

Э з о п

Но я же изначально
И, видимо, себе же на беду
Сказал – не ведаю, куда я попаду.
Я правду говорил тебе, заметь,
Шёл на базар.... Купить хотел успеть
Для Ксанфа много мяса я на ужин...

А г н о с т о с
(*радостно*)

Так ты – раб Ксанфа?! Ты-то мне и нужен!
В Афинах и окрестностях давно

О хитрости Эзопа ходят слухи...
Болтают все – и древние старухи,
И, даже говорят...

Э з о п
(*уже на равных*)

Мне всё равно.
Мне сплетни не рассказывай, прошу.
Я время потерял на нашу встречу.

А г н о с т о с

Спросить хотел...

Э з о п
(*с нетерпением*)

Ну, спрашивай – отвечу,
Но побыстрей. Я на базар спешу.

А г н о с т о с

Я узнавал у разных мудрецов,
Что означает поговорка эта,
Но так и не добился я ответа...
Ты сможешь объяснить в конце концов?!

Э з о п

Какая поговорка? Говори.

А г н о с т о с

«Не торопись загадывать желанье –
Вдруг сбудется».

Э з о п

А знаешь ты преданье:
Один философ пожелал соседу,
Чтоб жизнь его отныне стала адом,
Чтоб всех его друзей побило градом...
А тот позвал философа к обеду,
И принимал его, как кровный брат.

А г н о с т о с
(*тупо*)

И что случилось?

Э з о п

Выпал жуткий град!
Ну, а философ был с соседом рядом.
В ненужный час он был в неверном месте.

А г н о с т о с

И что произошло?

Э з о п

Погибли вместе!

А г н о с т о с
(*всё равно ничего не понял. Задумчиво...*)

Ну, всё, иди... раз не было тут кражи...

Э з о п
(*про себя*)

Каков правитель – таковы и стражи.

Вечер у Ксанфа дома. За столом сидят ученики, Эзоп, Клея. Во главе стола – Ксанф.

К с а н ф
(с видом победителя)

Ну, слава Зевсу, всё прошло прекрасно,
Как ты, Эзоп, мне это предрекал.
Сначала шум толпы не умолкал,
Но я-то ждал. И вовсе не напрасно...
Они шумели, и они кричали,
И слов моих сперва не замечали...

(любуясь собой)

А я нанизывал легко на фразу фразу...

Э з о п

Они, конечно, поняли не сразу.

К с а н ф

Когда до них дошло – все замолчали
И разошлись, тихонько и в печали...

(поднимает кубок с вином)

Богине Тихе благодарен я!.. –

Э з о п
(удивлённо)

Богине?!
Мне хочется смеяться от души...
Ты мне пергамент лучше напиши,
Что раб Эзоп уже не раб отныне.

К с а н ф
(уже выпил лишнего)

Ещё чего?! Ты – раб мой и молчи!
Претензии ко мне, Эзоп, умерь.
О том что было – всюду не кричи.
И без тебя бы справился, поверь.

К л е я
(очень недовольно)

Ты много говоришь, когда напьёшься,
А пьёшь ты, Ксанф, опять без всякой меры.

К с а н ф
(грубо говорит с Эзопом)

Ты был рабом – рабом и остаёшься!
Да я тебя плетьми и на галеры!!
Ты думаешь, уйти тебе позволю?
Что просто отпущу тебя на волю?
Нет, шанс один есть у тебя – запомни:
Ты можешь прыгнуть вниз! В каменоломни!

Э з о п
(с призрачной надеждой на справедливость)

Но ты же слово дал!.. Ты дал мне слово!..

К с а н ф
(уже спокойно с уверенностью хозяина)

Эзоп, давай я объясню тебе толково,
А ты ответь, Эзоп, мне тоже внятно:
Вот ты – хозяин слову своему?!

Э з о п

Да, я - хозяин.

К с а н ф

Это и отрадно.
И я хозяин. Что же непонятно?
Хочу – даю, хочу – беру обратно...
Я, словно царь на собственном пиру:
Хочу – даю, хочу – назад беру...

(*хохочет на собственными словами...*)

Такая вот тебе, Эзоп, задача:
Ты прыгни вниз – грехи тебе прощу.
Коль выживешь – ну что ж, твоя удача.
Но просто так тебя не отпущу.

Э з о п
(*обречённо, но с достоинством*)

Мы все – рабы. Я – телом, ты – душой.
Не вижу в этом разницы большой,
И рассужденья в чем-то наши сходны...
Мы все когда-то превратимся в прах.
Тебе служил за совесть, не за страх.
При жизни от себя мы несвободны.
Но не хочу рабом я больше тлеть.
Не раз я, Ксанф, твою изведал плеть,
А в мыслях был всегда я вольным греком...
Мой жребий брошен. Нет пути назад!
Увижу ад? А, может, райский сад?..
Но я умру свободным человеком!

Уходит в сторону каменоломен.

ЗАКЛЮЧЕНИЕ

А что с ним стало - так и не известно.
Погиб ли? Выжил?! Домыслы всё это.
Эзопа имя знают повсеместно
Как мудреца, философа, поэта.

Никто в Элладе не читал газету,
А то бы раскопала точно пресса,
Что не погиб Эзоп, не канул в Лету,
А даже был советником у Креза.

Нет, не года – эпохи пролетают,
И разных ксанфов часто давит злоба,
Поскольку если даже Ксанфа знают,
То только как хозяина Эзопа.

Мы многое усвоили с годами:
Увы, давно не разум правит светом...
Но если суждено нам быть рабами –
Давайте философствовать при этом.

ПРИМЕЧАНИЯ

Драхма, обол, халка – денежные единицы Древней Греции.

Пеплос, хитон, гиматий – вид верхней одежды

Тихе – богиня удачи, случая.

Гинекей – женская половина дома.

Метеки – иноземные поселенцы, не имеющие ни гражданских, ни политических прав.

Хой – мера жидкости, равная 3,24 л.

АВТОРСКИЕ **РИМ**арки

Необходимое предисловие

> Латынь из моды вышла ныне...
> *А.С. Пушкин*

Ах, какие были времена!.. Суаре, журфиксы... Люди общались на превосходном французском, итальянском, немецком... Вставляли фразы на латыни... И прекрасно понимали друг друга. Если вы сейчас обратитесь к кому-то «мон шер», то не уверен, что легко отделаетесь.

Хочу взять на себя смелость хоть немного латинских фраз вернуть в наши дни. А там, может быть, придет черед и итальянского, и французского языков, которых я не знаю...

Но это всё — *entre nous* (между нами).

Буду рад, если вы сможете *utile dilce miscere* (соединить приятное с полезным). А именно — улыбнуться и освежить в памяти латынь.

Licentia Poetica
(лицэнциа поэтика)
Поэтическая вольность

Латынь мертва для нашего народа.
Забыт язык. Он просто канул в Лету.
Заметивший неточность перевода
Простит, надеюсь, вольности поэту.

Примечание. Ударения в словах выделены подчёркиванием. Например, в слове *ergo* ударение падает на *e*.

Ab ovo
(аб ово)
Начать с яйца
У древних римлян завтрак начинался с яйца.
Отсюда и пошло это выражение.

Как жили в Риме бестолково!
Совсем без нашей русской жилки.
День начинался там *Ab Ovo*.
У нас — нормально. *Ab* бутылки!

* * * * *

Asini exiguo pabulo vivunt (озини эксигуо пабуло вивунт)
Ослы довольствуются скудной пищей.

O tempora! O mores! (о тэмпора! о морес!)
О времена! О нравы!

Может, были древние и правы,
Только ясно нам без лишних слов:
Изменились времена и нравы.
Изменился рацион ослов.

* * * * *

Per aspera ad astra (пер аспера ад астра)
Через тернии к звездам.

Мне этот путь навеял грусть:
Чрез тернии – вперед!
Пока до звезд я доберусь,
Доход уйдёт на йод.

* * * * *

Igni et fero (игни эт феро)
Выжечь огнем и мечом.

Нам эти кличи – нипочем.
Они все кажутся нам басней.
Каким огнем? Каким мечом??
Деньгами – просто безопасней.

* * * * *

Ingorantia non est argumentum (ингорантия нон
ест аргументум)
Невежество – это не аргумент.
Барух Спиноза.

Ты прав, Спиноза, но на сей момент
Взгляни на нас из глубины веков:
Невежество – прекрасный аргумент.
Конечно, под защитой кулаков.

* * * * *

Maxima debetur puero reverential (максима
дебетур пуэро ревентиал)
**К ребенку должно относиться с величайшим
уважением.**
Юний Децим.

Детей наших надо любить.
Вы к сердцу дорогу ищите.
А если ребенка и бить –
То только при самозащите.

* * * * *

Irritabillis gens poetarium (ирритабиллис генс поэтариум)
Раздражительно племя поэтов.

Что значит я весь день строчу?!
Что значит ужин на двоих?!
Нет, чёрт возьми. Я не кричу!
Дай, наконец, закончить стих.

* * * * *

Jurare in verba magistrum (юраре ин верба магиструм)
Клясться словами учителя.
Пифагорийцы.

– Все шмотки сбросил шмаре?
Ну, всё! Тебе хана!
– Шоб я так жил. Jurare.
Спроси у пахана.

* * * * *

In hic signo vinces (ин хик сигно винсес)
Этим знаменем мы победим.

Нам средне под знамёнами жилось,
Но трепетали турки, немцы, янки...
А нынче обнищали. И пришось
Знамёна все разрезать на портянки.

* * * * *

Qui queit reperet (кви квиет реперет)
Кто ищет, тот находит.

Азартный человек поймёт
И риск, и увлечения.
Кто ищет, тот всегда найдёт
На что-то приключения.

* * * * *

Omne nimiumnocet (омне нимиюносет)
Всё излишнее вредит.

Шепчу, прижав ладонь к груди:
Ближайшими деньками,
О, Боже, малость навреди
Мне лишними деньгами.

* * * * *

Ex nihilo nihil (экс нихилё нихиль)
**Из ничего - ничто; из ничего ничего
и не получится**
        Лукреций

Нам мудрость древних не указ –
Так говорят в народе.
Не знал Лукреций, что у нас
Появится Мавроди.

* * * * *

Oportet vivere (опортет вивери)
Надо жить

Вокруг да около кружить?!
Не надо мне дилемм.
Коль говорите – надо жить,
То укажите, с кем.

* * * * *

Pro ut de lege (про ут де ледж)
Законным путем

И днём и ночью, в снег и дождь
Pro ut de lege - идём...
Пора уже, как учит Вождь,
Идти другим путём...

* * * * *

Sursum corda! (сурсум корда)
Выше голову

Ты не спеши всё выполнять,
Когда попросят.
Нам стоит голову поднять –
Петлю набросят.

* * * * *

Tempori parce (темпори парсе)
Береги время

Ох, время от нас уползает ужом...
А, может, в часах наших течь...
За то, что мы времени не бережём –
Оно нас не хочет беречь.

* * * * *

Et singula praeduntur anni (ет сингула приадунтур
ани)
Годы берут свое

Нет, зеркала не врут!
Не стали, увы, мы краше
Годы своё берут...
Прихватывая и наше.

* * * * *

Ex ungua leonem cognoscimus, ex auribus asinum (экс унгвэ леонэм, экс аирибус азинум)
Льва узнаем по когтям, а осла - по ушам

Мне кажется, нас просто дурят...
Как трудно влезть в чужие души
Львы когти ярко маникюрят.
Ослы под гривой прячут уши.

* * * * *

Meliora spero (мелиора сперо)
Надеюсь на лучшее
Memento mori (моменто мори)
Помни о смерти
A priori (а приори)
Заранее, независимо от опыта

Наверно такая эра...
Известно всем a priori:
Живем: meliora spero,
Но всё же memento mori

* * * * *

In aedificiis lapis male positus non est removendus (ин эдифициис ляпис мале поситус нон эст рэмовэндус)
Камень, плохо положенный в стенку, уже не вынешь.

Криво положенный камень – не дивное диво.
Все мы привыкли, хотя «за державу обидно».
Столько камней в наши стены положено криво,
Что только правильно камень положенный видно.

* * * * *

De facto (дэ факто)
Фактически
De jure (дэ юрэ)
Юридически, по праву

Не цепляйтесь, бабы-дуры,
Нет у вас ни капли такта:
Я могу ещё де-юре,
Не могу уже де-факто.

* * * * *

Tertium non datur (тэрциум нон датур)
Третьего не дано

Я Вас люблю. Люблю уже давно...
Что сделать: застрелиться иль повеситься?
И третьего, увы, мне не дано!
Как, впрочем, и в другие числа месяца.

* * * * *

Ab altero exspectes, alteri quod feceris (аб альтэро
экспэктэс, альтэри квод фэцэрис)
**Жди от другого того, что ты сам сделал
другому.**
Публий Сир.

В латыни тёмен я и сир,
Да и убог.
Но вдруг был прав их Публий Сир?!
Не дай-то Бог!

* * * * *

Tempora mutantur et nos mutantur in illis
(тэмпора мутантур эт нос мутамур ин иллис)
**Времена меняются и мы меняемся вместе
с ними**
Публий Овидий

Но что-то очень быстро мы меняемся,
И возвели в достоинство порок.
Тех, перед кем сегодня преклонямся ,
Вчера бы не пустили на порог.

* * * * *

Albo Lapillo diem notare (альбо ляпиллё диэм
нотарэ)
День, отмеченный белым камешком
*Древние римляне белым камешком отмечали
счастливые дни.*

Не надо наводить тень на плетень.
Мне говорил один приятель в тоге,
Что у него тогда счастливый день,
Когда есть пару камешков в итоге.

* * * * *

Alea jacta ect (алеа якта эст)
Жребий брошен
Слова, произнесенные Цезарем при переходе Рубикона

Я вам скажу серьезно, без затей:
Не слышал этой глупости нелепей.
Большое дело — Цезарь бросил жребий!
Жену сосед мой бросил. И детей.

* * * * *

Amorem canat aetas prima (аморэм канат этас прима)
Пусть юность поёт о любви
Древнеримский поэт Секст Проперций

Ну, непонятно мне, хоть тресни
К чему нам всем устои Рима:
Amorem canat aetas prima!?
У нас нет времени на песни.

* * * * *

Amicus Plato, sed magis amica veritas (амикус
Плято сэд магис амика вэритас)
Платон — друг, но истина дороже
In vino veritas
(ин вино вэритас)
Истина — в вине

На цену я смотрю. О, Боже!
Вино — а стоит, как коньяк!
Сегодня истина дороже.
Платон! Гони еще трояк!

* * * * *

Asinus ad lyram (азинус ад лирам)
Осёл у лиры
Соответствует нашему выражению «свинья в апельси-
нах».

Не буду подбирать я слов.
Как неудачно создан мир!
Так много развелось ослов,
Что просто не хватает лир.

* * * * *
Bis dat qui cito dat (бис дат кви цито дат)
Кто даёт быстро, тот даёт вдвойне
Римский поэт Публий Сир

Хочу признать пред целым миром,
Что очень трудно спорить с Сиром.
И я согласен с ним вполне:
Всем надо быстро. И вдвойне.

* * * * *
Carpe Diem (карпэ диэм)
Лови мгновение, пользуйся настоящим днём
Из Горация

Как мы живём, разини из разинь...
Живём себе с мозгами набекрень.
Теряя день, порой теряем жизнь.
А жизнь порой решается за день.
Себе мы позже предъявляем иск,
Что пропустили миг — и канул день.
Но не рискуем мы идти на риск...
А впрочем, это — просто дребедень.

* * * * *
Cogito ergo sum (когито эрго сум)
Я мыслю, следовательно, я существую
Декарт

Я всё пропил. Лёг на кровать...
Скажи, Декарт, властитель дум!
Ты смог, ты мыслишь — *ergo sum*.
А мне на что существовать?!

* * * * *

Cucullus non facit monachum (кукуллюс нон фацит монахум)

Клобук не делает монахом

Соответствует выражению «борода не делает философом»

Хоть Вы и пишете с размахом,
Но не позорьтесь перед светом:
Клобук не делает монахом.
Стихи не делают поэтом.

* * * * *

Do ut des (до ут дэс)

Даю, чтоб дал ты

Соответствует нашему родному «ты — мне, я — тебе»

Есть истины — они неоспоримы.
Но вот слова простые *«do ut des»* —
Не говорите, шо пришли из Рима.
Они же наши! Где-то из Одесс.

* * * * *

Donec eris felix, multos numerabis amicos (донэк эрис фэликс, мультос нумэрабис амикос)

Пока ты будешь счастлив, много у тебя будет друзей

Публий Овидий

А тут и спорить нам нельзя:
Пока есть «бабки» — есть друзья.

* * * * *
Dum spiro spero (дум спиро спэро)
Пока живу — надеюсь

Что нам эпоха или эра!
Известно всем — «dum spiro spero».
Мы пьём, едим, гуляем, пишем,
Но всё равно на ладан дышим.

* * * * *
Errare humanum est (эррарэ хуманум эст)
Человеку свойственно ошибаться

Нет, мысль незакончена. Иль двойственна.
И нам от правды некуда деваться:
Да, ошибаться людям — это свойственно.
Несвойственно в ошибках признаваться.

* * * * *
Sic transit gloria mundi (сик транзит глёриа мунди)
Так проходит слава жизни

А если водкой от меня разит,
То всё проходит так или иначе.
Проходит даже слава (sic transit!)
А запах водки — он пройдет тем паче.

* * * * *
Homo novus (хомо новус)
Выскочка, новый человек, парвеню

Что было раньше — неизвестно.
Всё это кануло в веках.
А homo novus, интересно,
Ходили в красных пиджаках?

* * * * *

Ignavia est jacere. Dum possis surgere (игнавиа эст
яцэрэ. Дум поссис сургэрэ)
Малодушие лежать, когда можешь подняться

Лежать приятней, чем бежать.
Всегда будь верен аксиоме.
Но малодушие — лежать,
Когда еще есть выпить в доме.

* * * * *

Debes ergo potes (дэбэс эрго потэс)
Должен — значит, можешь

А честь я с детства берегу
И мне знакомо чуство долга.
Я — должен. Я отдать могу,
Но ждать тебе придётся долго.

* * * * *

Quod licet Jovi, non licet bovi (квод лицэт йови, нон
лицэт бови)
Что можно Юпитеру, то не дозволено быку

Миф и реальность далеки,
И видим мы в итоге,
Что современные Быки
Ведут себя как Боги.

* * * * *

Quidquid id est, timeo Danaos et dona ferentes
(квидквид ид эст, тимео Данаос эт дона фэрэнтэс)
Бойтесь данайцев, даже дары приносящих
Публий Вергилий Марон, «Энеида»

Себя не дайте облапошить,
Вся Троя вон как лоханулась:
Данайцы им прислали лошадь —
А та свиньёю обернулась.

* * * * *

Abducet praedam, cui occurit prior (абдуцет прэдам, кви оккурит приор)
Кто первым пришёл, тот и уносит добычу.
Плавт

В словах таких ни капли правды.
Не буду лить на древних грязи,
Но устарели нынче плавты...
Важней не первенство, а связи.

* * * * *

In vino veritas (ин вино веритас)
Истина в вине.
Для закрепления материала.

Мне опыт жизненный решенье подсказал,
И, следуя ему, поступишь мудро:
Коль истину ты с вечера познал –
Оставь немного истины на утро.

* * * * *

Similia similibus curantur
Лечить подобное подобным
Гиппократ

Спокойно и без фанатизма
У древних надобно учиться.
А значит, от алкоголизма,
Нам водкой следует лечиться.

* * * * *

De se ipso modifice, de aliis honorifice
(дэ сэ <u>и</u>псо модифицэ, дэ <u>а</u>лиис хонор<u>и</u>фицэ)
О себе надо говорить, соблюдая меру.
О других – с почтением.

Возможно, что ошибся я с прочтением...
Нет, лучше мысль отбросить, как химеру!
Но говорим мы о себе с почтением,
И никогда не соблюдаем меру.

МИФОЛОГИЗМЫ
ЕСЛИ БЫ ДРЕВНИЕ ЖИЛИ СЕЙЧАС...

Продам коллекцию зажигалок.
> **Герострат**

Антикварное оружие в хорошем состоянии.
> **Дамокл**

В связи с разногласиями партнеров
продается хорошо налаженный бизнес.
> *Спросить* **Дамона** *или* **Пифиаса**

Вниманию бизнесменов!
Есть запасы чистой соли в неограниченном количестве!
> *Обращаться к* **Лоту**

Переезжаете? Перевозим!
Работаем 24 часа в сутки.
> *Спросить* **Харона**

Требуется партнер в стабильный бизнес.
> **Сизиф**

Открыта парикмахерская «*Далила и Со*»
Самсоны — добро пожаловать!

Мулине, мохеровые нитки, люрекс.
   Ариадна

На лёгкую домашнюю работу требуется
молодой человек, любящий животных.
   Авгий

Добрая услужливая женщина с прекрасным характером
ищет место прислуги. Есть рекомендации.
   Мегера

Кровати всех размеров прямо с фабрики!
Удовлетворяем любые запросы.
   Прокруст

Отец разыскивает дочь.
Уважаемая Антигона, отзовитесь!
Ваш отец ***Эдип*** — в бедственном положении.

Надгробья в присутствии заказчика.
Сходство — гарантирую!
   Медуза Горгона

В ресторане «*Астерия*» всегда в меню жареные пере-
пёлки и перепелиные яйца.

Хотите быстро похудеть? Специальная водно-фруктовая
диета от ***Тантала***.
Результат превзойдёт все ваши ожидания!

МОНОСКРИПТЫ

Я плохо помню чудное мгновенье...
* * *
Я не рожден под знаком Зодиака...
* * *
Мне счёт пришёл за свет в конце тоннеля...
* * *
Ой, это ты?! А кто ж со мной в постели?..
* * *
А в голове одна роится мысль...
* * *
О, женщина! Опять мне не дано...
* * *
Мне Ваши ноги малость жмут в плечах...
* * *
Да, я – нудист! Но только по ночам...
* * *
Хочу туда, откуда я родился...
* * *
А Паганини – это погоняло?...
* * *
Мне на работе снится каждый день...
* * *
Я крестиком вам вышью могендовид...
* * *
Как хочется порой сменить носки...

* * *

Пусть я — кастрат! Но вам, мои потомки...
* * *

Нет, что вы! Я сегодня не женат...
* * *

Опять на мне жениться обещали...
* * *

Как друг от друга далеки твои глаза...
* * *

На женский пол гораздо мягче падать...
* * *

Мы укрепляем наши недостаки...
* * *

А без одежды ты еще страшнее...
* * *

Любовь придет внезапно, как жена...
* * *

Ах, тёща! Вы так много пережили...
* * *

Не так всё плохо. Всё гораздо хуже...
* * *

Где правда, Мёбиус? – спросил двуликий Янус...
* * *

Цикуту можно пить и без закуски...
* * *

Как сладок с губ любимой вкус лимона...
* * *

Я к Вам в постель буквально на минутку...
* * *

Не каждый день я нахожу бумажник...
* * *

Она не соглашалась в плоть до свадьбы...
* * *

Я женщинам совсем не изменяю...
* * *

Ну, не дрожи! Ах, это Паркинсона...
* * *

Всегда цветов полна ночная ваза...
* * *

И смело посмотрев в глаза циклопу...

* * *

Я не хотел Вас обременять...

* * *

Опять перед тобой не устоял...

* * *

Я в долг всегда возьму без сожаленья...

* * *

С тобой мы жили долгих полчаса...

* * *

Все семь листов последнего желанья...

* * *

От путеводных звезд рябит в глазах...

* * *

Но ты ушла. Нежнейшее амбрэ...

* * *

Ты предо мной, одетая в сережки...

* * *

Как мучит жажда мести по утрам...

* * *

«Иду на приступ», — сообщила печень...

* * *

С деньгами легче привыкаешь к нищете...

* * *

Подлец Ванцетти вел себя, как Сако...

* * *

Опять женился и опять удачно...

* * *

Как, это — галстук? Я бы не сказала...

* * *

Опять цветы?! Хоть раз могли бы мясо...

* * *

Какая грудь! Как жаль, что Вы — мужчина...

* * *

Наденьте что-нибудь! Хотя б очки от солнца...

* * *

Заметен сильный рост паденья нравов...

* * *

Я в плавках Вас, простите, не узнала...

* * *

В мой некролог опять ошибка вкралась...

* * *

А в морге нас опять кормили плохо...

* * *

Меня устроят тихие фанфары...

* * *

Посмертной славы я хочу при жизни...

* * *

Да, взрыв учебный... А куда же трупы?!!...

* * *

Опять я не донёс Вам ахинею...

* * *

Не отдадим чужих завоеваний...

* * *

Девятый брак был самым долговечным....

* * *

Мы много лет беззвучно бьём в набат...

* * *

Я так подкован! Лошадям на зависть...

* * *

Из цикла о Виагре "Лекарство появилось на конец..."

* * *

А долг супружеский я Вам отдам попозже…

* * *

А дочь родится — назовем Ваягрой...

* * *

Уролог мне твердил. Но безуспешно....

* * *

А без Виагры даже и не суйся!..

* * *

Ах, как вы вовремя — я с полчаса, как принял...

* * *

Зачем вы согласились?! Я же в шутку...

СЛОВОЧИЗМЫ

Японско-еврейское приветствие: «Банзай-гезунд!»

* * *

Читая мысли на расстоянии, соблюдайте дистанцию.

* * *

А плоть моя настолько стала крайней,
Что я прошу за ней не занимать.

* * *

Пока погром не грянет, еврей не перекрестится.

* * *

Мужчина от женщины отличается тем, что перед совершением ошибки он всё тщательно продумывает.

* * *

Она так напоминала корову, что за связь с ней могли судить, как за скотоложество.

* * *

До смерти еще нужно дожить.

* * *

Любовь к ближнему была у вампира в крови.

* * *

Ради него она готова была снять с себя последнюю ночную рубашку.

* * *

Эротический двухсерийный фильм:
Серия 1: «Принцесса На Горошине».
Серия 2: «Горошин На Принцессе».

* * *

У раввина всегда времени в обрез.

* * *

Время никого не щадит. Кроме Ленина.

* * *

Всё, что не случается — не случается к лучшему.

* * *

Расширим эрогенные зоны!

* * *

Пока я жив, пока я полон сил
Всем женщинам я тело завещаю!

* * *

Умных людей гораздо больше, просто с ними встречаешься гораздо реже.

* * *

К смирительной рубашке подходит любой галстук.

* * *

Пришёл склероз? Альцгеймер с ним до пары? «Пора, мой друг, пора...» за мемуары!

* * *

Кнут обычно продается в нагрузку к прянику.

* * *

Умному человеку нечего скрывать. Кроме своей глупости.

* * *

Его отлучили от груди через год после женитьбы...

* * *

Эх, встретить бы однажды Гименея...

Его же цепью, да по голове...

* * *

Концерт для дирижера с оркестром...

* * *

Романс российских пенсионеров: Утро туманное, утро
с едою...

* * *

Есть оскорбления, которые можно смыть только деньгами!

* * *

И прописные истины можно печатать на машинке.

* * *

Высшее проявление глупости — искренее восхищение
чужой.

* * *

Зачем лгать себе, если вокруг полно народу?!

* * *

Боже! Пошли мне столько здоровья, чтобы я легко
переносил болезни.

* * *

Наши похороны в отличие от нашей жизни хорошо
организованы.

* * *

В стране воров честность — наказуема.

* * *

Тяжело вытравить сознание, если его нет...

СЛОВОЧИЗМЫ

* * *

Вставными зубами поздно грызть гранит науки.

* * *

«Утро Стрелецкой казни», Варфоломеевская ночь»,
«Последний день Помпеи»... Хорошо, что пока вечера
свободны...

* * *

Старушка влюбилась и всю ночь проплакала
в кислородную подушку.

* * *

Верь людям, но не переходи на личности.

* * *

В этой жизни каждый может занять свою нишу.
Директор колумбария.

* * *

Доведём глупость до идиотизма!

* * *

Повсюду конкуренция. Аисты уже начали вытаптывать
капусту...

* * *

Работорговля отличается от рыботорговли тем, что
рабов невыгодно продавать усопшими...

* * *

Люди, как и деньги, должны иметь своё достоинство...

ПАРОДИИ

Ты закрылась от меня
Шторкою душевной.
Столько бури и огня
Спрятала, наверно!..
Ну, откройся, будь простой!
В простоте – величье!
Я стучусь к тебе – домой
Крыльями – по-птичьи!..

Александр Фатеев

Ты закрылась в душевой,
Душ там принимаешь.
Я стучу тебе: «открой».
Ты не открываешь.

Заглушал всё шум воды,
Слышно было скверно.
«Чем стучишь, - спросила ты,
Крыльями, наверно?»

Из-за двери я кричу:
«Это нет, не крыла!»
Если б знала, чем стучу –
Точно бы открыла!!!

***

На заборе угрюмо чернело:
«Осторожно! Злая собака!!!»

Из соседнего дома ребёнок
Прибегал сюда прячась от мамы...

Приносил он собаке игрушки
И они в те игрушки играли,
И друг друга никто не боялся...
Они оба читать не умели.

Илья Резник, «Злая собака»

Осторожно, поэт!

На заборе написано было:
«Осторожно...», а дальше ни слова.
Видно смыло дождём или просто
Не хотели собаку обидеть...

А к собаке поэт каждый вечер
Пробирался скрываясь от люда.
Он читал ей смущаясь поэмы,
А собака порой подвывала...

И просила собака поэта:
Допиши ты мне важных два слова.
Только скорбно поэт улыбался...
Они оба писать не умели.

***

Два новых начала вошли напролом
и заняли лавку у входа вагонного.
. . . .
Что дальше случилось, не знаю. Молчат
семейные наши преданья и хроники,
доподлинно только, что я был зачат
на лавке той знойной. Всерьез. Без иронии.
                    Лев Ленчик

Хорошие шутки! Хоть криком кричи,
Но нету свидетелей дела давнишнего.
А думаю — дело всё было в ночи.
Ещё я уверен — без третьго лишнего.

Не буду я врать, чтоб не слыть подлецом,
Хотя и не знаю ни часа, ни местности:
Одно из начал — было точно концом.
А то не зачался бы гений словесности.

***

Пусть будет добрый глаз у курицы,
И у героя добрый глаз...
                    Алексей Дьячков

Жил хулиган на нашей улице,
Ну, просто форменный бандит.
Глаз из рогатки выбил курице.
Она теперь одним глядит.

Идёт бедняжечка, сутулится,
Ну, за какие же грехи
Её клюёт другая курица,
Совсем не топчут петухи?

Я видел, как в неё из кузова
Кидал щебёнкою подлец!

Ты вспомни, милая, Кутузова
Моше Даяна, наконец!

Идёт, хохлатушка, по улочке
Сверкает око, как топаз!
Пусть будет добрый глаз у курочки.
И у поэта добрый глаз....

***

Разорили, что батька построил,
Распродали, что мать сберегла.
У коровы упали надои,
А соседку спасает игла...
....
Но пусть вороньё не кружится
И темень не застит глаза,
Я верю в славянские лица...
Пётр Акаёмов

Знамо дело: село — не столица.
Что Москва! До неё далеко.
Набежали нерусские лица
И допили моё молоко.

Это ж надо! Проклятые тати.
И не наша, не русская речь...
Растащили, что стырили тяти,
И что мамки сумели сберечь.

Увезли в неизвестные дали,
Далеко, что отсель не видать.
Разокрали, стащили, продали,
То, что мы не успели продать.

Только верю: заквохчет наседка...
Станут хаты, как прежде, белы
Снова дойною станет соседка,
И корова соскочит с иглы.

***

В декабре я приехал проведать дачу.

Александр Кушнер

В марте я, как всегда, навещаю печку.
Говорим с ней по часу, порой и дольше...
Мы вдвоем (я в тиши зажигаю свечку) —
Не встречал еще собеседника тоньше.
А потом посидим вместе с ней у речки.
Мы с «буржуйкой» как братья родные похожи.
Если кто-то хочет сказать «до печки» —
Говорит «до Кушнера». Одно и то же...

***

Я, может, в ком-то повторюсь...
. . . .
И кто-то вскрикнет вдруг во сне,
Меня по каплям обретя.

А.В. Лахнюк

Я совершенен! Речи нет,
Но вот беда — меня так мало,
А хочется, чтоб больше стало.
Я — гражданин и я — поэт!

Таких пойди и поищи,
Но не найдешь, ручаюсь смело.
Вот я иду и вижу: тело.
Крадусь к нему, как тать в нощи.
Какая темень. Всё незримо.
Я тело разбудить боюсь...
Нет, в этот раз не повторюсь:
Опять впотьмах накапал мимо.

***

Уходим, помня о дурных приметах,
Теряемся, как блохи на верблюде.
Мне повезло. Я родилась поэтом.
Как это терпят остальные люди?

Ася Анистратенко

Хочу сказать вам, остальные люди,
Пусть никого конкретно не виня,
Что я разочарована в верблюде:
Он в зоопарке плюнул на меня.

Куда администрация глядела?!
Народ-то стерпит. Только я — поэт,
Мне повезло. И, видя это дело,
Я на верблюда плюнула в ответ.

***

Люблю воскресные обеды,
Когда я во главе семьи,
И все домашние мои
Сидят румяны, как котлеты.
. . . .
И капля жира, застывая...

Владимир Бережков

Завтрак на трезвую голову

Я восседаю во главе
Стола. Вокруг — мои ютятся.
И мысли странные роятся
В моей усталой голове.
Вокруг кидаю тихий взор...
Сидит сестрица, как солянка.
А тёща — вроде как кровянка.
И братец. Точно помидор.
Холодный вытираю пот.

Сидит любимый швагер справа.
Он — как хорошая приправа.
Жена — на третье. Как компот.
И дети тут — чеснок, бурак,
Вот тесть — свиная отбивная...
И слезы каплют, застывая.
Как жаль, что я — не пастернак.

***

Они войдут (и негде спрятаться,
Не остановит их никто!) —
Красивые, как два гестаповца,
В шуршащих кожаных пальто.
. . . .
Поэты, проходимцы, сволочи —
С такими жизнь прожить нельзя,
. . . .
И я, зародыш, институточка,
Открою женщину в себе.
                    Елена Исаева

С утра волнения неясные...
И слышу в двери громкий стук.
Как два эсесовца прекрасные
Пришли ко мне поэты вдруг.

И чинно сели на дивнчике,
А я пылаю, как в огне.
Всё жду, когда же эти мальчики
Откроют женщину во мне.

Они ушли. А я до полночи
В тоске рыдала. Боже мой...
Поэты! Проходимцы!! Сволочи!!!
Придётся открывать самой.

ПАРОДИИ

***

Не быть иль быть? — Лишь замысла вопрос.
Что он/ты нам о благородстве трекал?
Тень от отца, дымок от папирос —
Что вопрошать? Ты лучше в зал покнокай...

Андрей Битов

Чего лепить горбатого, пацан?
Не быть иль быть? — Чернуха. Я в отпаде.
Ты/вы мне, кент, не пой про тень отца.
Я, может, сам вчера ушёл от дяди...

О чём тут трекать? Ты, кирюха, верь,
Что песенка моя ещё не спета.
Хилял я за писателя. Теперь
Кошу под настоящего поэта.

***

Это яблоко? Нет, это облако.
И пощады не жду от тебя.
. . . .
Всухомятку мычу и мяукаю,
Пятернями башку обхватив.
. . . .
Есть обычай у русской поэзии
С отвращением бить зеркала...

Сергей Гандлевский

Я уже и не пью, и не кушаю.
Видно, время моё истекло.
Ты сидела с огромною грушею
И с улыбкой глядела в стекло.

За оконным стеклом тьма кромешная,
А в окне отражалась сама.
На пиру ты, любовь моя прежняя,
С наслаждением ела сома.

Это сом? – я спросил.– Это курица! –
Ты мне зло усмехнулась в ответ.
На поминках гуляла вся улица
И горел ослепительный свет.

Я мяукал, рычал и царапался,
Напевал очень грустный мотив.
Промычал себе – ну, ты и вляпался,
И валялся, башку обхватив...

Ох, посыпь меня белой магнезией,
Если я вдруг вторично умру!
Есть обычай у русской поэзии
Гениально писать про муру.

***

И, зажмурив глаза,
Я в случайные брошусь ладони.
Инна Богачинская

Пусть другие боятся взять и подойти к мужику.
Для меня все случайные встречи прекрасны и любы.
Я, закрывши глаза, поцелую любого в щеку.
Если губы подставят — могу в незнакомые губы.

Я доверчива очень. Но вот накатила слеза.
Обмануть меня просто. Но так поступать не годится.
Я, конечно, целую обычно, зажмурив глаза...
Только это бессовестно мне подставлять ягодицы.

***

Года идут, и чашки бьются —
....
Крепилась сахарница — все же
Упала на пол в свой черед...
....
Пять лет прошло — и нет сервиза.
Сервиз разбит — прошло пять лет
Николай Бубнов

Письмо дирекции фабрики

Я к вам пишу. Чего же боле...
Недавно приобрёл сервиз.
Но вот по чьей-то злобной воле
Он со стола свалился вниз.

Есть чек покупки с датой точной.
Всего пять вёсен утекло...
Вы всюду пишете, что прочный.
На самом деле — как стекло.

Я нынче на пороге криза.
Страдаю, завернушись в плед.
Всего пять лет — и нет сервиза.
Всего пять лет — сервиза нет!

Вы просто плюнули мне в душу!
Я заменить сервиз прошу,
Не то я ваш покой нарушу
И вам поэму напишу.

***
Никогда не молитесь о новом царе,
Даже если сегодняшний — Ирод.
                        Леонид Буланов

Нам о новом царе не пристало тужить.
Это правда. И делаем вывод:
Лучше будем со старым мы жить и дружить,
Даже если он малость и Ирод.

Приглянулась кому-то чужая жена —
Мы осудим подобного типа.
Коль женился — испей свою чашу до дна,
Даже если жена и Ксантиппа.

И давайте отпустим поэтам грехи,
Не осудим ни жён, ни тиранов.
Будем снова и снова читать мы стихи,
Даже если их пишет Буланов.

***

Я — зашуганный шар биллиардный
На зеленом газоне судьбы...

Андрей Бюркленд

Мне судьба уготовила долю —
Пожелать не могу и врагу:
Всё качусь по зелёному полю,
Удержаться никак не могу.

В биллиардной азартно и душно.
Дым стоит, словно сизый туман.
От клапштосса несусь я послушно
Прямо в лузу, в отвисший карман.

Не влетел! Отбортнулся я бойко:
Очень трудно добраться до луз...
Впрочем я — ординарная «двойка».
Не пятнадцатый. Даже не «туз».

Снова мимо. Как жить, кто подскажет?
Нет ответов, а только иксы...
Счастье близко, но снова промажут...
И в итоге — сплошные киксы.

И зашуган мой признак первичный...
Все шары не такие, как я.
Костяные они! Я — мастичный.
Мне не светит уже не кия!

***

Не забудь, что я есть у тебя...
Пусть нелепый, стареть не желающий,
верный пес, то скулящий, то лающий
и кусающий... впрочем, любя.
Влад Васюхин

Позабыли мы, как дилижанс,
Это время ушедшее, прошлое...
«Вальс собачий» — творение пошлое.
Нынче моден «Собачий романс».
Я слова наскулю, нарычу...
Удивляет людское невежество:
Пусть я вою, но это — не бешенство.
Не ведите меня к ветврачу.
Я — поэт. Настоящий, не «экс».
Что сидите вы с постными минами?
Да, скрываюсь я за псевдонимами...
Влад Васюхин. В девичестве — Рэкс.

***

Я редко плаваю по океанам,
Хотя в проплывах дальних — и король.
А по морям — ношусь, как окаянный,
Тем стилем, что у нас зовется «кроль».
Игорь Вешний

Я представляюсь сразу: Игорь Вешний,
Поэт, плывун. В заплывах — царь и Бог!
Меня спросил недавно парень здешний:
«А ты бы смог...?» И я ответил: «Смог!»

Я объяснил ему вальяжно, ленно —
Мне все стихии нынче по плечу.
Моря мне, извиняюсь, по колено.
Об океанах скромно умолчу.

Могу поплыть легко я даже «брассом»,
Что в переводе попросту — «замах».
В поэзии я, правда, ниже классом
И «по-собачьи» плаваю в стихах.

***

Я вотру декабрьский воздух в кожу,
приучая зрение к сараю...
. . . .
бокс больничный и в мозгу застрянет,
мамочкину шляпку сдует ветром,
и она летящей шляпкой станет.
. . . .
и в ночи увижу дальнозоркой:
медсестра несет пюре в палату...

Владимир Гандельсман

Я пишу бессмысленную ересь,
Хоть рифмую что-то для порядка.
Я, конечно, серость. Только серость
Высшего, разумного порядка.

Из окна больничного покоя
На толпу взираю обречённых.
Лавры не дают давно покоя
Хлебникова с... как его... Кручёных.

Всё сильнее день, всё тише мыши,
Шире рот, красивее глазницы.
Шляпку мамы сдуло вместе с крышей.
Всё. Привет. Пишу из психбольницы.

***

Я был воспитан ласковым комодом,
Жестяной банкой с надписью «Ландринъ»...

Александр Говорков

По жизни я шагаю без опаски.
Умён, воспитан. Всем другим пример.
Сердечное тепло и много ласки
Отдали мне комод и шифоньер.

Талант мой — вовсе не игра природы,
Не каждый смог интеллегентом стать.
Пустая банка, где лежали шпроты,
Смогла меня достойно воспитать.

«Бычки в томате» помню. И «Сардины».
Жестянку не забыть из-под ухи.
Я понял, жизнь пройдя до середины,
Кто научил меня писать стихи.

***

Когда дойдешь до поворота,
Навстречу бросится в упор
Скамья, все ждущая кого-то,
И старый выцветший забор.

                    Анатолий Гоморев

Я как-то ждал под домом друга
И мне неясно до сих пор,
За что оконная фрамуга
Меня ударила в упор.

И как поэт я состоялся...
Культурен, честен, есть семья...
Я от фрамуги отбивался,
А тут набросилась скамья.

Потом накинулись ворота,
Как на последнего врага!..
Когда дойдёшь до поворота,
До точки — ровно два шага.

Георгий Фрумкер

***

Как хорошо грустить, когда камин.
И лёгкое вино сопит в бокале.
Зэев Гуфельд

Как хорошо лежать, когда диван.
Приятно отдыхать, когда качалка.
Царевне хорошо, когда Иван,
А мыться хорошо, когда мочалка.

Приятно выпивать, когда вино.
Картины хороши, когда музеев.
Как хорошо смотреть, когда кино.
Как хорошо читать, когда не Зэев.

***

Ты явился и лёг, чтоб зевоту гоня,
деловую отваживать скуку.
То ли зверь на ловца,
то ли корм не в коня,
то ли сон, не приснившийся в руку.
. . . .
И пойдёт снегопад, и наступит парад,
и пожалует бог из машины.
Ольга Добрицына

Ты пришёл — так сиди, и давай не ропщи,
А в платочек молчи в уголочке!
То ли куры в ощип,
То ли в лоб из пращи,
То ли просто доходим до точки?

Поговорки все в детстве читала не раз,
И пишу на любую я тему
Вам скажу без прикрас:
Знаю столько я фраз,
Что мне хватит легко на поэму.

Чуть добавлю латынь, как приправу к борщу,
На заумности выполнив квоту...
Я сижу и молчу.
И совсем не ропщу.
Но прогнать невозможно зевоту...

***
Четыре ножки у стола,
Четыре ножки у кровати,
А ты всего на двух пришла,
Разбив гармонию некстати.
                    Алексей Дружинин

Приятель как-то удружил:
Мол, баба есть с фигурой редкой.
Нет, я, конечно, раньше жил
С кроватью, с тумбой, с табуреткой...

«Ну, пусть прходит», — говорю.
Я оглядел девицу строго...
И тут я с ужасом смотрю:
Она двурука и двунога!

Таких не видел я дурёх..
Как двухколёсная тележка!
Пускай бы как рояль, о трёх,
Но две ноги — уже насмешка.

Нет, к идеалу подхожу
С единой, гармоничной меркой.
Я познакомился, скажу,
Вчера с прелестной этажеркой.

***

лапша
сами с лапшами
лапшированная рыба
лапш, лапш вперед, рабочий народ!
еврей — Лапшерович
поэт — Лапшернак
хороша лапша? лапша хороша!
вижу что? лапшу

Владимир Друк

друк
золотые друкаты
к нам вдрук
и ты, друк
друкная помада
друкопись
старый содрукник
сигареты «Друк»
друк, друк, друк! Кто в друкдоме живет?
композитор Друкманов
что делает — друкты жуёт
такая штука — попался по друку
когда поёт далекий друк
хороши стиши
для души
как житель Нового Света
я б друкский бы выучил только за то,
что им говорят поэты!

***

Там за стеной смеялся Арлекин,
И смех звенел, как битая посуда...
Гнездилась осень на губах простудой...
....
Нам не хватало трех заветных слов.

**Наталия Иванова,
«НЕ СУДЬБА»**

СУДЬБА

Смеялся Арлекин. Каков подлец!
Я посмотрела в зеркальце украдкой.
Гнездилась осень страшной лихорадкой,
И губы все потрескались вконец.

Ну, Арлекин! Да сколько дури в нём,
Его нечуткость стала мне сюрпризом!
Взрывался смех расколотым сервизом,
А отзывался жутким ячменём.

Таких вовек не знала я ослов.
Ты лучше на своё взглянул бы тело!
Его я больше видеть не хотела...
И мне хватило трёх заветных слов!

***

поэт не проживает жизнь —
поэт её переживает.

Он может не пахать, как вол...
. . . .
но под шестым ребром стихи
Он носит, как несушка яйца.
. . . .
И женщины его,
убогого, за что-то любят.

Вадим Егоров

Поэт обычно нищ и гол,
Но подаяния не просит.
Пусть не работает, как вол,
Но, как несушка, яйца носит.

Да порази любого гром,
Кто будет здесь смеяться злобно,

Что яйца под шестым ребром.
Хотя поэту неудобно.

И, созревая словно стих,
Они поэту сердце греют.
А женщины как раз за них
Его и любят и лелеют.

***

Пройдет немало. Десять белых лет.
Я пушкинского возраста достигну.
. . . .
Я не погибну через десять лет.
Поди, попробуй, заслужи Дантеса.
Максим Замшев

Уверен я: Вам жить ещё и жить.
Стрелять Вас право не за что — поверьте,
Дантеса очень трудно заслужить.
Хоть за стихи Вы и достойны смерти.

Что Замшеву толпы безумной глас?
Надменные потомки! Сброд кретинов!
Я на века могу прославить Вас.
Всегда готов к услугам.
Ваш Мартынов.

***

В ином посёлке – ни баб тверёзых,
ни мужиков не найдёшь тем паче.
Но – есть мальчишка: такую прозу
он сочиняет, что черти плачут.
Станислав Золотцев

В глухом посёлке весь люд в загуле.
Все перепили. Легли с устатку.
Один поэт в уголке на стуле
Сидит, кропает стихи в тетрадку.

Ютится в приймах на раскладушке.
Ему неважно - хула ли, слава...
Пером гусиным творит!.. как Пушкин!
Жаль, нет Дантеса на Станислава...

Вот так и мерзнет он в закуточке,
Но для России так много значит!
И сочиняет такие строчки,
Куда там черти – читатель плачет.

***
А могли б — в петухи. Подмахнули шустро,
треугольной печаткой накрыли...
И теперь я служу воробьишкой в метро,
расправляю блохастые крылья.
. . . .
Где по-райски, в моем воробьином миру,
пахнет пивом и вяленым шпротом,
Запотевшую кружку за ушко беру
и шепчу сокровенное что-то...
                    Александр Кабанов

Я признаюсь, что всё-таки мне повезло —
Привокзальная дымная зала...
Воробей — это всё же не худшее зло,
А могли б — в кабаны. И на сало.

Пахнет водкой и пивом. Полно шелухи.
На столе опустевшие кружки,
И чирикаю нынче чужие стихи
Воробьихе, блохастой подружке.

Сам уже не пишу. Мне простили грехи...
Здесь накурено, мало озону...
Но сказали: ещё раз напишешь стихи —
Сразу штамп. В петухи. И на зону.

***

Я нарисую город.
Улицы, крыши, звёзды.
Я нарисую твой голос,
Летящий ко мне сквозь вёсны.
Я нарисую лето.
Листьев рассветный шорох.
Я нарисую нас вместе -...
Сергей Каргашин

Нам нарисуйте смело
Ветер с весенней лаской.
Пусть для начала мелом,
Позже - учитесь краской.

Птичку рисуйте с трелью,
Лампочку, что погасла.
Можете акварелью,
Если хотите - маслом.

И нарисуйте листья,
Небо с прозрачной тучкой...
Больше пишите кистью.
Меньше пишите ручкой.

***

Исчезают капли в луже,
Рябь кругом и снова гладь.
. . . .
Так и я кому-то нужен,
Незамеченный сперва.
Кацо

Под дождем сидел я в луже.
Понял - никому не нужен.
Дождь прошел и снова гладь.
Никому не нужен, ...! (Нынче.)

У мужества свои законы,
своя особенная честь,
у мужества свои резоны
и свой природный корень «жесть».

Кацо

У языка свои законы:
В словах обычно корень есть.
Кацо, поверьте, все резоны
Опять грамматику прочесть.

Поэт пусть правила увяжет,
И там уж — с рифмами на плац!
А то случаем кто-то скажет:
«В "Кацо" природный корень — "кац"».

***

Ждать в сумерках, покуда ты на зов
Не откликаешься и мячика не ловишь.

Бахыт Кенжеев

Лежим без света, в полной темноте.
Нет, не авария, а просто не включаю.
Из принципа. Не видно что и где.
Ни выпить водки, ни напиться чаю.

И делать нечего, и подниматься лень.
Лишь тень одна неясная маячит.
Вот если б был, к примеру, ясный день,
Мы побросать могли свободно мячик.

Но в сумерках поймаешь ли едва...
Мой друг молчит. Я к мраку привыкаю.
Гляди, поймал! И не один, а два!!
Ну, не ори! Спокойно. Отпускаю.

***

Отгребусь веслом на середину
. . . .
На волне качает лодку-зыбку.
Не меня ль зовут на берегу?
Я земле последнюю улыбку
Словно рубль заветный берегу.

Константин Коледин

Я — поэт, качаюсь в лодке-зыбке,
А толпа сидит на берегу.
Для людей последнюю улыбку,
Словно стих заветный, берегу.

А народ поэта почитает...
Сам себе твержу я: торопись!
Подгребу и стих им почитаю.
Только слышу: «Костя — отгребись.»

***

Я перекрашиваю стены
Из розового в голубой —
Невидимые перемены
Произошли у нас с тобой.

Сергей Коркин

Сначала скрытно. Позже явно,
Но было всё, как дивный сон...
К нам маляр приходил недавно.
Красивый. Сильный, как Самсон.

Любимая, здесь нет измены,
Но всё назначено судьбой...
И вот теперь я крашу стены
Из розового в голубой.

Он в жизнь совсем не лезет нашу.
Я пред тобою чист и гол.
Сначал стены перекрашу,
А после — поменяю пол.

***

Я — русский! В грудь стучу рукой.
Но в этом есть оттенок грустный.
Как будто, на вопрос: какой?
Я отвечаю: «Русский, русский»...
. . . .
Во мне бузит великоросс.
. . . .
Но... существительное — я!
. . . .
Да, русский, русский я навек!
А кто не понял, растолкую:
В значенье Русский Человек
Я в этом мире существую.

Леонид Корнилов

Корнилов сам в себя стучал.
Всё время задавал вопросы:
«Ты кто?» И громко отвечал:
«По крови мы — великороссы.»

Кричал: «Я — Русский человек!
Весь свой. От выдоха до вдоха!
И в этот двадцать первый век
Нерусским стыдно быть и плохо.»

А я всё слушал этот звон
И думал про него такое:
Да, существительное он.
И даже понимал, какое.

***

Понимаешь, что что-то нечисто
В поэтической русской судьбе,
Раз гудит на манер тромбониста
Голос классика, Рейна Е.Б.

....

Классик позы и баловень жеста –
Скушный Кушнер, который А.С.

Правда, есть среди этого сонма
Поэтических русских святых,
С кем простому поэту не стрёмно…
Впрочем, я умолчу о своих.

Андрей Коровин

Что-то странное в мире творится
Средь классических псевдоэлит,
Пусть ушедших. Но как говорится,
Русский дух мне молчать не велит.

Все там бродские и пастернаки
маршаки – просто жалкий удел.
Для меня это буквы и знаки,
И С.Я, и И.А, и Б.Л.

Есть один нынче гений на свете,
Что о русской печётся судьбе.
Мир услышит ещё о поэте...
Впрочем, я умолчу о себе.

***

Я бы мог, наверно, жить иначе.
Будто лед, кремнистый путь блестит.
«Не жалею, не зову, не плачу»
«И звезда с звездою говорит.»
Где-то жизнь... А здесь совсем другое.
И слова пустые давят грудь:
«Уж не жду от жизни ничего я —
И не жаль мне прошлого ничуть».

Лев Котюков

Я люблю закаты и рассветы
«Необъятной родины своей».
Только жаль, стараются поэты
«Сделать жизнь значительно трудней».
Мне читать такое нету мочи.
Извелись поэты на Руси.
«Если только можно, авва Отче»
Строки Лёвы мимо пронеси.
«Я ищу свободы и покоя» —
Открываю книжечку стихов...
«Уж не жду от жизни ничего я»:
Мне опять попался Котюков.

***

Дотлевает страстями кровать,
И к себе — я уже — не ревную!
. . . .
Зрак окна забивает бурьян,
Мох с плешивой ползет черепицы.

Олег Кочетов

Я прилёг отдохнуть на кровать
И подумал, что песенка спета.
Помню, мог я к себе ревновать
Ну, буквально, любого поэта.

Это раньше ходил петухом —
Кулаками махал после драки.
Черепок покрывается мхом...
Бурьяном забиваются зраки...

***

...А у Гегеля — вечный запор.
...А у Канта — хронический насморк.
Марина Кудимова

Меня мучает вечный вопрос:
Отчего нездоровы гиганты?!
Вот, к примеру, у Ницше — понос,
У Кюри — увеличены гланды.

А Ван Гог, а несчастный Ван Гог!
Ну, бывает такая непруха!
Простудился — и вот вам итог:
Воспаление среднего уха.

Шиллер, Данте, Платон, Карбюзье
(Я Америки вам не открою) —
Поголовно подвержены все
Кто — простате, а кто — геморрою.

Хоть титаны мы, но и у нас
Все болезни, увы, человечьи.
Потому и страдаю подчас
Я сама недержанием речи.

***

Я — моторная лодка,
Я — встаю на редан.
. . . .
И где-то вдалеке курлычет стая,
А я хочу еще газку поддать.
Иван Кузнецов

«Запорожцем» себя я
Ощущаю во сне.
Журавлиная стая
Прилетит по весне.

И так громко курлычет,
Что неслышно мотор...
Вроде он и фурычит —
Мой несчастный «Запор».

Добавляю газку я.
Крепко жму на педаль.
И, здоровьем рискуя,
Мчусь в далекую даль...

Тут жена разбудила.
«Говорила — не пей!
Так газуешь... водила...
Напугаешь детей.»

***

Нет, не зря в ледовитый торос
упирается русская карта:
одинаково страшен мороз
и для СПИДа и для Бонапарта...

> **Станислав Куняев,**
> **Главный поэт газеты**
> **«День».**
> **Стихотворение «Хорошо,**
> **что мы северный люд...»**

Мы — поэты из крепких пород.
Знаем все анапесты, хореи...
Не боится наш смелый народ
Ни французиков, ни гонорреи.

Моего вдохновенья исток
На любви возвышается к ближним.
И мне ближе наш Дальний Восток,
Чем Восток отвратительный Ближний.

Пусть мороз отморозит мозги.
Не согнусь я под снегом и градом.
Пусть пурга и не видно ни зги...
Лишь бы «айсбергов» не было рядом.

***
А рос я неказистым, тощим, маленьким,
И все меня беззлобно звали «шкаликом».
Андрей Лядов

Себя в чулочках помню и сандаликах,
С детишками играл я во дворе,
Меня соседи называли «шкаликом»
На зависть всей соседской детворе.

Потом подрос, и стал послушным мальчиком,
И до сих пор я памятью согрет,
Что работяги местные «мерзавчиком»
Меня любовно называли вслед.

А в юности я был такою душкою,
Мои стихи так стали хороши,
Что даже стали звать меня «чекушкою»
У винных магазинов алкаши.

Теперь мастит. И вот такой палитрою
Я нынче свой раскрашиваю стих,
Что все давно зовут меня «пол-литрою»,
И покупают книги на троих.

***

Наш шарик голубой, насаженный на вертел,
Сегодня исчерпал у Вечности кредит...
И пишет на стене как лозунг: «Поле смерти»
Гноящейся культей ребенок-инвалид.
        Анна Мамаенко

Ох, умирает мир. И фауна, и флора,
Ещё совсем чуть-чуть — слетит последний лист.
И, с горя засосав бутылочку кагора,
Пинает грустно мяч безногий футболист.

Художники без рук, слепые музыканты...
Не радут людей уже весна и май.
Повыжжены поля, изведены таланты,
Как будто здесь прошёл безжалостный Мамай.

Да что там — и в горах исчезли эдельвейсы,
Ушли все: Алитет, последний могикан...
И, тело положив на трепетные рельсы,
Вслед поезду глядит не худшая из Анн.

***

И пушкинские строчки просыпаются
В горячих женских ласковых руках...
        Марк Мордухович,
        «Пушкинские чтения»

О, как её движения все строги...
Ах, как румянец на ланитах густ...
Чарующие пушкинские строки
Проснувшись, вырываются из уст.

О, эти губы! Нежные и алые
Поэту кровь способны горячить.
У Марка строчка оживает вялая,
И хочется строчить, строчить, строчить...

***

Не прерывай родной земли вращенье...
Марк Мордухович

О рычагах припоминаю споры,
Но не могу конкретно вникнуть в суть.
Мол, Архимед твердил насчет опоры,
И Землю угрожал перевернуть.

Погиб бы наш многострадальный шарик,
А с ним и мы — чего уж тут скрывать...
На наше счастье Мордухович Марик
Движенье приказал не прерывать!

***

Спросонок смеялись, читали стихи,
Звучанье их мнилось наградой.
И тапочки долго искали в пыли,
Но птица кричала «Не надо».
Юлия Моркина

Пусть тапочки сгинули в вихре стихий,
Мой голос по-прежнему звонок.
Я с радостью вам почитаю стихи.
И на ночь могу, и спросонок.

Холодной зимой и в полуденный зной
Стихи — моей жизни услада.
Но птица кружила весь день надо мной
И громко кричала «Не надо».

***

Было пасмурное время.
Гром угрюмо грохотал.
И, познавший силу страха,
Трепетал я, как трава...
Ветром полнилась рубаха.
Геннадий Морозов

Все трещало и шумело,
Покрывалось небо мглой.
И в мое родное тело
Ужас влез тупой иглой.
Это ж надо, как грохочет!
Неужели же Господь
Извести поэта хочет,
Погубить живую плоть?
Хорошо хоть, что от страха
Нам рефлексы всем даны.
Потом полнилась рубаха
И, не знаю чем, штаны.

***

А потом пусть сам я снегом стану
(Годы прут — полсотни на носу.)

Леонид Неклич

Опыт жизни у меня приличный —
Как-никак — полсотни на носу.
И, хоть всё в природе гармонично,
Я, наверно, новшество внесу.

Долго думал, чтоб не ошибиться,
И решил: я доживу свой век —
Вот тогда смогу я превратиться
Незаметно в мягкий белый снег.

Неспеша проделал все расчеты.
Коль меня не хватит — не беда.
Выручат стихи в конечном счёте.
Снег ведь — та же самая вода.

Только будет больно как поэту
Услыхать глупейшую из фраз:
Что-то очень много в зиму эту
Навалило Неклича у нас.

***

Я притащу тебе в кармане пчел -
Приправу, устаревшую порядком:
Ноябрь нас давно до дыр прочел,
Но дышит в строчках мир тепличных пчел
Сентиментальным солнечным придатком.

Евгений Никитин

Я шёл к тебе, я нёс в подарок пчёл.
Штук 350... И всех в кармане брючном...
О их повадках много книг прочел,
И знаю всё я про тепличных пчёл,
И к ним с подходом действую научным.

Не то чтоб я сентементален, нет,
Но в пчёлах ошибался я порядком.
Теперь спешу к хирургу в кабинет
Ах, лучше бы я нёс тебе букет!
Куда теперь с раскусаным придатком?!

***

Поздно, поздно, безвозвратно поздно.
Два уже не делится на два...

Геннадий Норд

Как всё поздно, как безумно сложно
Совладал я с нервами едва...
На троих ещё делить возможно,
Но уже не делится на два.

Утром я делил всё без остатка:
Два на два, и даже семь на семь.
А под вечер, видимо, с устатка
Не могу уже делить совсем.

Что косые взгляды мне соседок?
Что ухмылки разных жирных морд?

Так и знайте: жил когда-то предок -
Логик, математик Уайтхед Норд!

Наша связь невидимая длится.
Он ко мне приходит, словно тень...
Говорит: коль утречком делиться,
То тогда свободен целый день!

***

«И когда начинается жизнь, кончается литература», —
Так сказал мой приятель — он парился долго на зоне.
С ним теперь не поспоришь — босая, нагая культура,
Как бомжиха с бутылкой пивной на столичном перроне.

У неё по карманам распиханы Чехов, Толстой,
Достоевский. —
Всех нашла на помойке — найдёшь там ещё не такое,
Репродукции Репина или Куинджи обрезки...
Нет, об этом не надо, об этом, пожалуй, не стоит.

Я спросил её: «Бабушка...» — очень она удивилась.
«Я не бабушка, я, как бездомные, вшивые суки,
Культуролог. А лучше подай мне, счастливчик, на милость».

Сергей Николаев, петербургский поэт

Я увидел пьянчужку. Она побиралась под домом.
Задержался немного, на эту бомжиху глазея.
Мне лицо показалась, ну просто ужасно знакомым...
Да, конечно ж, она — культуролог, директор музея.

По карманам растыканы Гёты, Дюмы, Мопассаны,
И «Серябрыный Век». Там совсем неплохие поэты,
В общем, классики наши. Картины Дега и Сезанна...
Даже подлинник Босха. А вот Николаева — нету.

Говорит мне бабулька, хоть пьяно, но очень конкретно:
«Ты подай мне, соколик. У меня ж — ни машины,
ни дачи.»
Подошёл я к вопросу, конечно же, интеллигентно,
И, немного подумав, прочёл ей стихи. На удачу.

«Вот как надо писать, — говорю, —
слышишь, пьяная рожа!
Ну, что скажешь, старушка?» Но неблагодарная дура
Мне прошамкала тихо в ответ: «Видно, там,
где Серёжа —
Начинается жизнь, но кончается литература».

***

Люблю тебя лирическим сопрано,
живу пешком, надеюсь босиком
и ссадины, царапины и раны
зализываю русским языком.
Вера Павлова

Даю совет, хоть с Вами не знаком:
Надейтесь шагом, прыгайте походом...
Но чем таким лечиться языком,
То лучше ранки смазывать иодом.

***

Полураскрыты небеса —
Полупрощение не нужно.
Полупогладить полупса...
Писарева Анна Александровна

ПОЛУподражание

Предпочитаю всё «полу».
Кентавры любы и русалки.
Я с полукошкой на полу
Полуиграю в полусалки.

Толкну её полурукой,
Она — меня. Но полулапой.
Нарушен был полупокой
Полукричащим полупапой.

Халата запахнув полу,
Полудымя полуокурком,
Орал: «Ты станешь не полу,
А просто целым полудурком».

***
Меняется делаться главное что-то,
не просто всё это, а то-то и то-то;
и я понимаю, что я понимаю
не то, что понятно, а что понимаю

Андрей Поляков

Я голову часто над этим ломаю:
Как я понимаю, что я понимаю?
А коль не поймёте — скажу вам толково,
Что очень непросто понять Полякова.

Хотя заявляю открыто и смело:
Меня Марциан понимает Капелла.
Порою меня понимают Сократы.
Все трое. Они — из соседней палаты.

***
Словно чувствуя чью-то беду,
Выхожу из избы обомшелой,
Чтоб увидеть: по тонкому льду
Едет мальчик на лошади белой.
Кто? Откуда? Зачем? И куда?
Как мираж средь пурги очумелой,
По речной ненадёжности льда
Едет мальчик на лошади белой.
   ...Уезжаю я сам от себя
этой ночью на лошади белой.

Владимир Портнов

Лето, душно... Бутылка в руке...
Продохнуть невозможно от пыли.
Вдруг я вижу: по льду на реке
Едет мальчик на белой кобыле.

Это ж надо. Июль на носу...
«Подожди!» – я метнулся вдогонку,
На ходу откусил колбасу
И хлебнул из горла самогонку.

«Да погодь!..Ты зачем?.. Ты куда?..»
Зашатало меня как при качке...
По июльской упругости льда
Ехал мальчик на Белой Горячке.

***
За неименьем фрачной пары
В театр пиджак надену старый.
И, праздным взглядом не задет,
Как говорится, выйду в свет.

Илья Рейдерман. г. Одесса

За неименьем фрачной пары
Жилет я надеваю старый.
И, у народа на виду,
В консерваторию иду.

При входе показал билет,
Но билетёр сказал: «Послушай,
Не говорю я за жилет,
Но ты б штаны надел, Илюша».

***
Ты опять ко мне пришла.
Позвонила, постучалась,
Постояла, подождала,
Только дверь не отворялась.
Я тебя перехитрил,

Не предстал перед тобою:
Пред твоим сияньем крыл
Я мизинчика не стою.

Алексей Решетов.
г. Пермь

Объяснительная Музе

Простояла ты напрасно
Два часа перед дверьми.
(Правда, мне совсем не ясно,
Как нашла меня в Перми).

Я тебя перехитрил,
Не пустил в свою квартиру,
Хоть и видел: из-под крыл
Ты показывала лиру.
Объяснение вполне
Я резонным полагаю:
Ты всегда мешаешь мне,
Когда я стихи слагаю.

***

Дело было в ресторане,
Где менты висят.
Взяли Маню на кармане —
Фраернулася.
Платье белое в горохах,
Опер молодой
Шепчет ей: «Скажи, где Лёха —
Отпущу домой».

Александр Розенбаум

Дело было всё в непрухе...
Мент сидел лохом.
Не свезло одной марухе —
Взяли со стихом.

«Ты скажи, — кричал ей "мусор", —
Честно, от души:
Кто писал весь этот мусор?
И домой чеши».
«Не обидь, начальник, шмару,
Кинь мне на духи.
Это дохтур под гитару
Нам поёт стихи».
«Ты горбатого слепила! —
Мент орал в ответ. —
Может быть, он и "лепила",
Только не поэт».

***

В яблоко впившись зубами, не мог
вырвать его изо рта.
Вытянул в глине увязший сапог
и разомкнул я уста.

Владимир Салимон

Я не садист, как там, скажем, де Сад,
Только всему есть предел!
Видел: мальчишка забрался в мой сад
И моё яблоко ел.

В глине увязли его сапоги,
Челюсти сжал, как бульдог.
Яблоко вырвать уже не моги...
Я бы - так точно не смог.

Чувствую - нету терпенья уже,
Выскочил из-за куста,
Впился зубами я мальчику в ж...
И разомкнулись уста.

***

Мало ли какие есть желания.
Может, я мечтал бы стать царём,
Но плутаю по ночам в тумане,
Греюсь, если пустят, над костром.
Мало ли какие есть сомненья.
                    Роман Солнцев

Отличаясь с детства тонким вкусом,
Сознаюсь в желании простом:
Стать Джордано Бруно, иль Ян Гусом,
Чтобы всласть погреться над костром.

Кто я есть?! Стиха простого рыцарь.
Но сомненья сдавливают грудь:
Кем мне стать — царём или царицей,
Чтоб меня пожарили чуть-чуть?

Но пишу, на лучшее надеясь,
Знаю — тяжкий труд не пропадет:
Сочинять и дальше буду ересь,
А читатель хворост соберет.

***

Устаю, тоскую, сомневаюсь,
Доверяя сердцу и глазам.
Никому в друзья не набиваюсь,
Сам иду, одолеваю сам.
Разве мало на дорогах грешных
Радостно у долов и ракит
Я встречал богатырей мятежных,
А к плечу притронешься – рахит!
                    Валентин Сорокин

Я себе давно наставник строгий...
Начинал с нуля, учась азам,
И шагаю грешною дорогой,
Доверяя собственным глазам.

Вот смотрю: в плечах косая сажень,
Хоть веди на воинский парад.
Строен, смел, и вроде бы отважен,
А толкнул в плечо – дегенерат.

Разогнал друзей поодиночке...
Сам иду средь жизненных рутин,
Сочиняя по дороге строчки...
А к плечу притронешься – поэт!

***
Учи, ученица, не аз и не ять,
Учи, ученица, меня.
Ученье у черни, у терний (поплюй
Червячник пред ловлей кольца)
По телу потратится твой поцелуй,
Двупястье моё — до конца.
Нырянье у ню во моря...
Не лучик, не ключик, ни Бог и ни Блок, —
Учи, ученица, меня.
Где Макар телят к ракам с харей хрю.
От ста оставляя меня одного,
Учи, ученица, меня!
Виктор Соснора

У моря сидел и курил без конца,
С собою вёл долгие споры.
А рядом червячник пред ловлей кольца
Читал постулаты Сосноры.
По пояс забравшись у ню во моря,
Прекрасный, как Сим или Хам,
Червячник с ужасною харею хря
Учил ученицу стихам.
— Ты явно садист! — я ему закричал. —
Двупястьем клянусь Козерога,
Зачем ученице ты это читал?!
Возьми почитай лучше Блока.

— От ста лишь осталась одна у меня! —
Он в горе то плачет, то стонет. —
И Блока, и Пушкина смыла волна,
А книга Сосноры не тонет.

***

А ну вас, люди, всех к чертям собачьим!
Я к чайке ухожу, мы с ней поплачем...
Я как-то ночью на корме стоял,
Мы шли в Стамбул, на сердце было серо,
Она невдалеке на леер села,
Я с нею до рассвета прорыдал.
. . . .
С тех пор мы вместе с ней, с тех пор, как
братья...

Аркадий Суров

А ну вас к черту, мелкие людишки!
Всё вам бы только водка да картишки,
Футболы, сигареты, домино.
Вот у меня — совсем не те запросы,
И мне гораздо ближе альбатросы,
Хотя мешает сильно гуано...

Летают этих альбатросов массы —
Обгадили брам-стеньги и компасы,
И испускают сильные ветра...
А, впрочем, мы с одним сидели вместе
На леере, как будто на насесте,
И от души рыдали до утра.

Теперь мы с ним повязаны навеки!
Вот шли недавно из Варягов в Греки
Вокруг был запах — явно не духи) —
И побратались, как родные сестры:
Вступил в помет я альбатроса пестрый,
А он в ответ — вступил в мои стихи.

***

Скоро станет совсем темно,
Я улягусь в пятно огня.
Все подумают, что — бревно,
И тогда подберут меня.
                    Дмитрий Толстоба

Когда солнце потупит взор,
И к заре заспешит заря,
Я пойду полежать во двор,
И улягусь в свет фонаря.
Пусть в округе темно давно,
То светло мне в пятне огня.
Все подумают, что... лежу,
И никто не вступит в меня.

***

Шумит вокруг людское море —
Но человеческий прибой
Шумит всё более про горе,
И ищет отнятый покой...
....
Напрасно! Новые пророки
Уже зовут... Гудит: —
«Бом!!!...»...«Бом!!!...» —
«Белеет парус одинокий
В тумане моря голубом...»
                    Иван Трифонов

Толпа восторженно шумела,
Кричала громко: «Бом!!!...Бом!!!...Бом!!!»
Ах, как рифмует он умело
«В тумане моря голубом».

«Играют волны, ветер свищет»,
Но хладнокровен наш пиит.
Он новых рифм давно не ищет,
А просто пёрышком «скрыпит».

Зачем искать в стакане бури?
Ну, кто ответит мне: на кой?
«Под ним струя светлей лазури»...
А в этом счастье и покой.

***

Я часто меняю штаны Пастернака
На галстук Сельвинского в черную клетку,
А завтра я Блоком выйду...

Алекс Трудлер

В чём гений? Я вам объясняю толково,
Не сможет понять это только невежда:
И рифма — пустое, и мысли, и слово.
Талант — не при чем. Тут важнее одежда.

Одежда — вот важная сущность поэта.
Одежда — Знамение Звездного Знака...
Вчера я носок Афанасия Фета
Удачно сменял на трусы Пастернака.

И знайте, что как-нибудь днем, в воскресенье
Я выйду на площадь в обличьи кумира.
И стану писать как Сережа Есенин...
Вот только достать бы кальсоны Шекспира.

***

И это всё — в один короткий миг,
когда так много нужно передумать,
когда к себе уже давно привык,
когда об этом неприятно думать.

Фарамазян Игорь

Да я к себе уже давно привык,
Что думать мне? Почёсывая чресло,
Творю стихи в один короткий миг,
Легко рифмуя «кресло» — «полукресло».
Еще могу «решить» — «перерешить»...

И что молва мне света — полусвета?
Не знаю я, как жить и пережить
Великий свой успех полупоэта?!

***

Паровозов Иван Моисеевич
От рождения знал поезда,
И водил их он все воскресения,
И в субботы водил иногда.
. . . .
Эх, ты, ух, ты, Иванушка...
. . . .
И однажды ему повстречалася
Путеводная будто звезда...

Фарамазян Игорь Арамович

Не какой-то замызганный гадкий бич...
Не какой-то мужик от сохи...
Наш же гой еси Игорь Арамович
От рождения знает стихи.

Ну, и пишет — что нету спасения,
Не расходуясь по мелочам:
С понедельника до воскресения,
А порою — еще по ночам.

Ох, спешит, бедняга, Парнаса достичь,
Но не всходит поэта звезда.
Лучше б гой еси Игорь Арамович
От рождения знал поезда.

***

Мне жалко расставаться
со старыми вещами:
Ботинками, шарфами, дорожными плащами.
В карман засунешь руку, в истершийся махровый,
А там еще орешек отыщется кедровый!

Илья Фоняков

Живу себе нормально. Текут спокойно годы,
Но огорчен ужасно изменчивостью моды.
Я сам (конечно, сплюну. Боюсь дурного глаза)
Ношу трусы и майку еще с седьмого класса.
Пускай давно прогнили, всё дыры да прорехи,
Но даже в них порою находятся орехи.
И хоть в плаще китайском лет десять нет кармана,
Но там я ощущаю подобие банана.
А дамы отвергают подобные продукты.
Мол, дома у самих есть такие сухофрукты.

***

А прилив называется нынче отлив...
Борис Хургин

Для меня все законы природы — пустяк,
А названья — условности, право.
Вот, к примеру, штаны — это явно пиджак,
Всё, что слева — находится справа.
А на улице холод, наверно, плюс сто.
Градом пот. И, возможно, со скуки
Надеваю я майку, что нынче пальто,
И калоши на босые руки.
И, вливаясь в толпу, размышляю я так:
Где найдешь еще сходную душу?!
Слышу: «Мистер, у Вас расстегнулся пиждак,
И Ваш нос вылезает наружу».

***

И женщины единственной глаза
Придут в согласье августовской ночью.
Борис Хургин

Люблю я нежность царственных очей
И взгляд надменный, словно королевы.
Твои глаза — острей любых мечей.
Особенно мне нравится глаз левый.
Он смотрит, часто грусти не тая,

А правый глаз — он радость излучает.
Единственная женщина моя
Проходит, и меня не замечает.
Но в августовской, верю я, ночи
Придут глаза в единое согласье,
Поскольку есть прекрасные врачи,
И, значит, излечимо косоглазье.

* * *

Сижу, как перст, не отнимая рук
От мокрых глаз, наполненных разлукой.
....
Здесь, где, «резвясь, играет» майский гром,
Где для того, чтоб разрыдаться, есть причины.
....
Гудят погосты свежими крестами...
«Усталый раб», я от земли бегу,
Где горе измеряется верстами!
                    Николай Чепурных

От влажных глаз не отнимая длань,
Хоть это не типично для мужчины,
Я весь дрожу, как трепетная лань,
И даже разрыдаться есть причины.

Да масса их: погосты и гробы,
Судьбу мою ничто не украшает.
И громко я кричу: «Мы не рабы!»
Но майский гром все крики заглушает.

А с неба льёт холодная вода.
Промок насквозь бродяга и скиталец...
Но я скажу вам: главная беда -
Сижу как перст. Как очень средний палец...

***

живет пейзаж в моем окне,
но то, что кажется вовне...
окна, живет внутри меня —
в саду белеет простыня...

....
что было на моем веку
(кукушка делает «ку-ку»)

Глеб Шульпяков

Всё понимаю по уму:
Корова делает «му-му»...
Меня прилюдно оболгав,
Собака сделала «гав-гав»!!!

Хоть часто на моём веку
Мне говорили : "Ты - «ку-ку» ",
Но годы не прошли зазря!
Узнал, кто делает «кря-кря»!

Не ожидал небесных кар...
Ворона сделала «кар-кар»...
Добавив на костюм «ка-ка»,
Умчалась прямо в облака.

Висела простыня в саду,
У всех, представьте, на виду...
Остался след на простыне!
Да что мне так и жить вовне?!

***

в комарово вороны кричат по утрам
тарарам тарарам тарарам тарарам

в ресторан-поплавок забредем невзначай
айяйяй айяйяй айяйяй айяйяй

Давид Шраер-Петров

131

по утрам меня будит мычанье коров:
ахпетров ахпетров ахпетров ахпетров

в ресторане, напившись, поют фраера:
шраер-а шраер-а шраер-а шраер-а

как и каждый поэт, я весьма плодовит...
ойдавид ойдавид ойдавид ойдавид

только слышу мольбу я в полночной тиши:
непиши непиши непиши непиши.

***

Религиями я не обольщен:
Мне что Христос, что Магомет, что Будда...
Я даже не замечу, что прощён,
Когда прощаться с этим миром буду.
. . . .
Нет, слушатель мне нужен из людей,
Лишь Человеку выплачусь протяжно...
                    Александр Шкляринский

Частенько кто-то воет по ночам...
Решил взглянуть, хоть было очень страшно.
И не поверил собственным очам!
То выл Шкляринский долго и протяжно.

При галстуке, в костюме, брит и строг,
С лицом Христа, глядящего на Мекку,
— Я, — говорит, — пишу стихи, как Бог,
Но выплакаться надо Человеку.

— Тебе, возможно, близкие и льстят,
(Поэтам нелегко прожить без лести),
Молись Богам. Те, может быть, простят.
Я за стихи бы — расстрелял на месте.

ПАРОДИИ

***

Был каблук несношен, и пиджак был клетчат.
Ключ порой попадал в замок.
Раньше было трудно, но намного легче —
даже музыку слушать мог.
Сергей Шабалин

Не видать мне нынче былого лоску,
Где теперь ты нынче, былая стать?
Сапоги «шевро», галифе в полоску,
И Шабалина мог читать...
Поменял с годами галифе на брюки,
И ушел давно от сохи.
Поумнел я сильно, изучил науки,
И теперь читаю стихи.

***

Все кончено. Я ныне Заратустра
Сама себе и даже Лао-Цзы.
....
И всё-таки когда-нибудь воскресну...
Ирина Чечина

У потолка слегка качнулась люстра,
Мой громкий возглас был тому виной!
Из зеркала мигнул мне Заратустра
Что был вчера Ириной Чечиной.

Ах, как нас мало в мире сём подлунном
Тех, кто с реинкарнацией знаком.
Ещё была недавно Гунсунь Луном
А раньше, верьте, (санскр.*) – Чарваком.

Философов немного. Мао, Дитрих...
Я буду в этот список включена!
Воскреснет и напишет Ницше Фридрих:
«Так говорит Ирина Чечина»!

---

*(Санскр.) - санскрит - принятое сокращение.

***

Хлещет по троллейбусам безбожно...
Господи! Никто меня не любит.
Это совершенно невозможно.
Я хочу, чтобы меня любили,
Я совсем без этого засохну.
Я сутулюсь, словно мне за сотню.
Знаю все: со мною нелегко ведь.
Слаб, безволен, мнителен не в меру,
Не умею завтраки готовить,
Но зато стихи писать умею...
                    Дмитрий Быков

Хлещет дождь по Быкову безбожно...
Он идёт заботами нагружен
Думает: как мне на свете тошно.
Никому я, видимо, не нужен.
Я безволен и со мною трудно
Мнителен, злопамятен при этом
Излагаю мысли очень нудно.
Хорошо ещё, что стал поэтом,
Господи! Благодарю за милость!
(Распрямился, чтобы скрыть сутулость)
Ах, поэтом! Небо прояснилось,
И нахально солнце ухмыльнулось

***

Я лет до тридцати пяти
клал печи в деревенских избах.

....

 Весёлым был и молодым
и волосы носил - по плечи,
и напивался пьяным в дым
при каждом пуске новой печи.

Топились печи хорошо.
Но люди добрые при этом
меня считали алкашом.
А я поэтом стал. Поэтом!
                    Александр Росков

Былого мне не жалко, нет,
Об этом даже нету речи,
Но хоть прошло немало лет
Я с грустью вспоминаю печи.

Тогда я жил и не тужил
Гулял, шумел, влюбляся пылко...
Но что приятно – печь сложил,
И сразу на тебе – бутылка.

Потом стал с рифмами дружить.
Надел хомут себе на плечи!
Сейчас стихи могу сложить,
Но лучше получались печи!

***

Нос уткнул в газету,
маскировки для,
и куда-то еду
начинать с нуля.
Всё, что было раньше:
труд, почёт, семья, –
всё послал подальше,
встречный мир пия!
Где-то за Байкалом,
с поезда сойдя,
пригляделся к скалам,
щёлочку найдя.
В каменной пещере
я развёл костёр...
Жить по новой вере
буду с этих пор!

Глеб Горбовский. «С нуля»

С двух нулей

Буду ехать долго
Чай в пути пия.
Но не ради долга
Ради бытия.

Поверчу башкою
С поезда сойдя
И пойду пешкою
Бутерброд едя.

Что мне все анклавы?!
Ясно и ежу -
От семьи и славы
В дебри убежу.

Почести, награды
Просто чепуха!
Я к огню присяду
Дым костра нюха.

Сам себе поплачусь:
Такова стезя!
И в пещере спрячусь
Внутрь залезя.

А потом в пещере
Буду не греша
Жить по новой вере
Я стихи пиша!

***

Кухню нарисуй, художник Водкин,
Штору, пыльный фикус на окне.
На затертой, выцветшей клеенке
Хлеб, селедка, луковицы две.
....
И купанье красного коня.

Алексей Дьячков

Нарисуй мне что-то, Боттичелли,
Если можешь, чем-то порази!
Видишь за окном висят качели?!
Ты мне их, Сандро, изобрази!
Я живу в одном сплошном кошмаре.
Завертело жизни колесо...
Нарисуй мне девочку на шаре!
Или это лучше к Пикассо?
Помню, приходил товарищ Водкин,
Ну, ещё с приставкою Петров.
Кухню расписал бутылкой водки,
Луком, хлебом и вязанкой дров.
Я теперь не делаю побелку...
От себя всех чёртиков гоня,
Охраняю кухню я от белки...
Поджидаю красного коня!!!

ЧЕТВЕРОСТИШИЯ

***

У нас всегда случается всё разом,
Кругом прогресс, куда не кинешь глаз...
Сначала всё накрылось медным тазом,
Ну, а потом, накрылся медный таз!

***

Запомнить мне дорогу сложно.
Ориентируюсь отвратно.
Меня послать в разведку можно,
Но вряд ли я вернусь обратно.

***

Домой торопился.... Жена-то строга,
Хотя не скажу, что совсем уж мегера.
Но тут, как на грех, подвернулась нога...
Шикарная! 36-го размера...

***

В Россию вкладывай ли, грабь ли,
Но всё равно ты прогадаешь.
Сперва разбрасываешь грабли –
Потом на них же наступаешь.

***

Друзей очерчивайте круг.
Не раскрывайте всем объятья:
Порой размах широкий рук
Весьма удобен для распятья.

***

Ты и теперь, как прежде врёшь,
Но уровень пошёл на убыль:
Тебе не верил ни на грош!
Не верю нынче ни на рубль!

***

Нас не вытравит и купорос.
А подход к нам давно исторический.
И извечный еврейский вопрос
Переходит в вопрос риторический.

***

Не верю в принцев я из оборванцев,
Ни в золушек в нарядах из парчи.
Проснуться можно писаным красавцем,
Но из-за недержания мочи.

***

Жены не стоит ближнего желать,
Ведь в жизни может всякое случиться.
Свои ты силы должен рассчитать:
А вдруг она возьмет и согласится.

***

Пусть мысль старого седого мудреца
Навечно будет вписана в Коран:
Мне не страшна заблудшая овца,
А страшен заблудившийся баран.

* * *

Мой друг, на душу не греши!
Не надо аха или оха.
И на душе обычно плохо,
Когда у плоти нет души.

* * *

Зациклились мы с этим Ильичём.
Каплан стреляла.. Он уехал в Горки...
Политика тут вовсе не при чём.
Обычные еврейские разборки.

* * *

Врагам врагов ищи и день и ночь.
Их приглашай к себе почаще в гости.
Коль добрый друг не сможет вам помочь.
То враг врага поможет вам со злости.

* * *

Если спросят меня: – Ну, как жизнь?
То отвечу, что, в общем, неплохо.
Ведь по жизни иду, опершись
Я на прочную палочку Коха.

* * *

История во многом повторима.
Как много исторических побед!
Гусей, что Рим спасли, во славу Рима
Торжественно сожрали на обед!

* * *

Мой друг, не считай за драму,
Что трудно пробиться в дамки.
Не сложно вписаться в раму.
Сложнее вписаться в рамки.

***

Я недавно одну аксиому
Переделал на собственный лад:
Чем длиннее дорога из дому,
Тем дороже билеты назад.

***

Нет, нет, покой Ваш не нарушу,
Я обращаюсь к Вам несмело:
Не обнажайте сразу душу,
Начните постепенно. С тела.

***

Узнал за прожитые годы
(Тут не спасет ирония),
Что есть законы у природы,
Но больше – беззакония.

***

Мы с Вами встретились когда-то,
С тех пор одно меня тревожит:
Я Вас люблю любовью брата,
А брат мой Вас терпеть не может.

***

В походе, в самолете или в танке,
Пусть непогода или небо сине
Любой солдат мечтает о гражданке,
Но есть такие, кто о гражданине.

***

Был Ною послан Божий дар,
Но всё-таки он прав едва ли,
Что сохранивши столько пар
Он сохранил и столько твари.

* * *

Любовь ты не смогла сберечь.
И часто время сокращала
Всех наших трогательных встреч,
Поскольку трогать запрещала.

* * *

Держать язык свой за зубами
Легко по молодости лет,
И как сложней, когда с годами
У нас зубов в помине нет.

* * *

Любимая, ну чем тебе помочь?
Дай вытру пот. Бедняжка, ты устала,
Забудь плиту. Иди из кухни прочь.
Иди. Иди. Ведь ты не постирала!

* * *

Не с целью назиданья иль пророчества
Свою мысль выскажу в двух строчках:
Мы камни философские отрочества
На старости, увы, находим в почках.

* * *

Живу я у жены под каблуком,
Терпя, поверьте, в жизни много мук.
Во всем неправ. Виновен даже в том,
Что у нее стирается каблук.

* * *

А той далекою весной
Шли ливни, громами гремя.
Я жил тогда с одной мечтой...
Нет, кажется, я жил с двумя.

ЧЕТВЕРОСТИШИЯ

***

Мы живём без правил и канонов
Мир не поражаем чудесами.
У природы нет плохих законов.
Всё плохое создаём мы сами.

***

Пускай другие пустословят.
Я – реалист. Мне дай ответ
Не что грядущий день готовит,
А что готовят на обед.

***

Умом Россию не понять.
Тут, впрочем, нечего пенять,
Поскольку так, увы, бывает,
Что нас она не понимает.

***

Года проходят чередой,
А женский пол всегда с тобою:
То под тобой лежит с косой,
То над тобой стоит с косою.

***

Не боюсь я примет, слава Богу,
Но вот, нагло качая бёдрами,
Чёрный кот перешёл мне дорогу,
И к тому же с пустыми вёдрами...

***

Такая женитьба удачная,
Что сетовать хоть и негоже,
Но я с удовольствием – брачное
Сменю на Прокрустово ложе.

***

Сколько раз меня спасало
Моё жизненное кредо:
Баба, водка и котлета...
Вместо бабы можно сало!

***

Стареем. Больше курим. Меньше пьём.
И платим по распискам долговым.
Идёт, как говорится, всё путём.
Да, всё путём. Уже не половым.

***

А чтобы низко не упасть
До полной неприличности,
То лучше у народа красть,
Чем у отдельной личности.

***

Живу, проблемами издерган,
Подточен возрастом коварным.
И даже очень важный орган
Недавно стал рудиментарным.

***

Я все испробовал уже давно, поверьте,
Но не везет. И, ближнего любя,
О, господи! Прошу я малость – смерти.
Не откажи. Прошу не для себя.

***

Не везет! Только я не капризен.
Просто тешусь я мыслью удобной -
То, что все удовольствия жизни
Мне достанутся в жизни загробной.

***

Держать за пазухой мне камень – просто грех,
Я лучше превращу его в пращу.
Кто делал мне добро – припомню всех.
И никого уж точно не прощу.

***

Стране не вылезть из дерьма,
В которой много лет упрямо
Иван кивает на Петра,
И оба дружно – на Абрама.

***

Перечитывая Пушкина

Людмила изменилась, как ни странно,
И очень часто в середине спора
С презрением глядела на Руслана,
И тайно вспоминала Черномора.

***

Я после пьянки, как ни бился,
Не мог припомнить, хоть старался,
Вчерашний день. И так стыдился,
Что с горя снова напивался.

***

Хоть много лет из плена мы брели,
Остались до сих пор привычки рабские:
Вот письменность свою изобрели,
А цифры и сейчас ещё арабские.

***

Играл, гулял и пил без всяких мер,
Но годы меня сделали святошей.
Так хочется подать дурной пример,
А сил хватает только на хороший.

***

Любовь — смешенье дней или ночей,
Любовь ты ощущаешь даже кожей,
Любовь — как свет на миллион свечей.
А счёт за этот свет приходит позже.

***

Под знаком указующим перста
Всё повторится – годы, дни, минуты.
Кто верует в пришествие Христа -
Пусть верит и в пришествие Иуды.

***

От страсти всё тело дрожало
До капелек пота на лбу.
Ты так сексуально лежала
В уютном дубовом гробу.

***

Узбекистан. Вот грянул новый век.
Но врач-еврей сегодня дефицит.
Так что узбека лечит сам узбек –
Вот это настоящий геноцид.

***

На дамскую верность король уповает.
А дама мечтает, увы, о вальте.
Король даме сердце свое открывает,
А дама – вальту. Но уже декольте.

***

Я жил вдали от всяких дел,
И часто сам с собой не ладил.
Но как-то ангел прилетел.
Сел на плечо... И ТАК НАГАДИЛ!

***

Все может быть, все в жизни может быть.
Я сам, наверно, сильно изменился,
Но первую любовь не позабыть.
Забудешь тут, когда на ней женился!

***

Напрасно старушка в окошко глядит,
Сынок её стал депутатом.
Он с тихим восторгом у моря сидит,
А в море откат за откатом...

***

Враг не предаст. Он враг. О том и речь.
А друг — он может запросто отречься,
А значит, надо нам друзей беречь.
А значит, надо нам друзей беречься.

***

А радости я видел очень мало
До сей поры от первого шажка.
И если в жизни что-то выпадало,
То это исключительно кишка.

***

Грешил. И в рай мне путь заказан.
Но тут совсем не убежден –
Я наказаньем награжден
Иль награждением наказан?

***

Жена ушла. От сына нет ни строчки.
Цепочка нескончаемая бед.
Одно мне в жизни утешенье – дочка!
Соседская. Ей девятнадцать лет...

***

Со времён героев Свифта
И до нынешних премьеров
Королей играет свита,
Лилипуты — Гулливеров.

***

Собаку съел я в юморе, в сатире,
Но не известен. Кто тому виной?!
Так хочется пробиться в этом мире,
Но чувствую, что я пробьюсь в иной.

***

Ошибки юности легко сходили с рук.
Ах, молодость! Далёкий звук свирели.
Мы часто под собой пилили сук...
И мы не те, и суки постарели.

***

А с возрастом я замечаю,
Что зренье – для пьянства преграда.
Бутылку пока различаю,
А рюмку нащупывать надо.

***

Развратом мысли всех искажены,
От работяг до важного чиновника.
Но знайте: у порядочной жены
Всегда не больше одного любовника.

***

Когда не доходит простейшая фраза,
Бывает, что с рифмой доходит строка.
Пусть длинные уши есть признак Мидаса,
Но, кстати, и признак они ишака.

***

И сам я не знаю, что в жизни мне нужно.
Уже не хочу ни хулы, ни осанны.
На фронте семейном так тихо и дружно,
Что хочется даже уйти в партизаны.

***

Сижу себе, жую драже
И мыслю, где же денег взять.
Но я, увы, не Фаберже,
И яйца некому продать.

***

Миф о поэтах должен быть развенчан.
Я в этом всем признаюсь без кокетства.
Стихи и дети могут быть от женщин.
Ну, а мужчина – это только средство.

***

Уехали с насиженных мы мест.
И пусть теперь там русские злословят,
Что, мол, они несут свой тяжкий крест –
Мы носим здесь. Тяжелый могендовид.

***

Я давно замечаю
Нашу "мудрость по-русски":
Приглашают нас к чаю –
Мы приносим закуски.

***

Ты правдою сердце моё не тревожь.
Мы правдою горести множим.
Терпеть еще можем мы чистую ложь,
Но чистую правду – не можем.

***

Вы молоды. Решать чего-то надо нам,
Чтоб позже наша жизнь не стала адом.
Ах, пальцы, Ваши пальцы пахнут ладаном...
А я, увы, дышу на этот ладан.

***

О, тембр голоса! О, ум! Лучистость глаз!
О, нежность рук! Так трепетно-тревожно!
О, волосы! Забыть их невозможно!
Ну, хватит о себе. Пора о Вас!

***

Года мелькают. Не года, а вехи.
Круг стрелки явно близок к завершенью.
И нынче все любовные утехи
Сменили мы на самоутешенье.

***

Улучшаем вид квариры!
Есть разделы в каждой смете:
Я – в стене замажу дыры.
Ты – замажешь их в бюджете.

***

Размышление во время бритья...

Узнавать себя перестал,
Всё чужое: лицо и тело.
То ли я от жизни устал,
То ли зеркало запотело...

***

Приучен к спорту я ещё со школы.
Пристастие питаю к распорядку!
Смотрю всегда хоккеи и футболы
И ежегодно делаю зарядку.

***

Не бойтесь спорить даже в одиночку.
Боритесь честно, смело, справедливо.
Всегда свою отстаивайте точку.
После отстоя – требуйте долива.

***

Я выключил свет. Были Вы неглиже,
И руки тянули несмело…
И что-то в моей шевельнулось душе.
Душа, к сожаленью, не тело.

***

Пусть истины порою и банальны,
Но очень многое мы узнаём старея:
Не все евреи страшно гениальны,
Но в каждом гении есть что-то от еврея.

***

Скажите мне, в чём расставанья суть?
Да в возвращеньи, надо полагать.
Как хочется порой упасть на грудь…
Прошу мужскую мне не предлагать.

***

Надпись на конверте

«Не могу я тебе в День рождения
Дорогие подарки дарить…»
Это вроде как предупреждение,
Если сдуру захочешь открыть.

***

Опять от злости скрежещу зубами,
Но звук не тот – таи уж не таи.
Быть может, злость уменьшилась с годами,
А может, просто зубы не мои.

***

Пусть тёща кому-то, как пуля в висок,
Плохия зятья – вы не падайте в шоке:
Я тёще отдам самый жирный кусок!...
У тёщи от жирного вечно изжоги.

***

Ушли во вторник, в грусть меня ввергая.
И со среды жду вечер четверга я.
У каждого из нас своя среда...
Ох, как же долго тянется среда!

***

Нету жара, нету пыла,
А остался только принцип.
Престарелая кобыла,
Ждёт коня на белом принце.

***

О, как красиво ты мне пел:
«С моей любовною игрою
Ты не уснешь всю ночь со мною».
Я не спала. Ты так храпел!

***

Не знаю, зависть грех или не грех,
Но всё-таки рисну предположить,
Что свой позор нетрудно пережить.
Сложнее пережить чужой успех.

***

У нации каждой – свой путь и дорога.
Дай Боже евреям так дальше и дольше.
Но вот парадокс: если где-то нас много,
То в месте другом – нас значительно больше.

***

Еврею неважно, какая из тем,
Но спорит он, как на вокзале.
Еврей не согласен заранее с тем,
Чего бы ему не сказали.

***

Когда, спасаясь от Фемиды,
Чтоб воровство скрыть и растраты,
Сжигают храмы Артемиды –
Всегда страдают Геростраты.

***

Сейчас режим не тот, что был когда-то.
Он бледен, он того режима тень.
Как секс был част! Горяч! Одна беда-то,
Что это нас имели каждый день.

***

Когда видна неискренность в очах,
Я понимаю то, что в плаче слезном
Просящие прощенья в мелочах
Всегда виновны в чем-нибудь серьезном.

***

Как мы умны, находчивы и дерзки,
Как отвечаем – остроумно, грозно.
И потому себе ужасно мерзки,
Что свой ответ всегда находим поздно.

Георгий Фрумкер

***

Не тянем, увы, на властителей дум...
Не прыгнем уже до небес...
И с возрастом мы набираем не ум,
А просто избыточный вес!

***

Какие мы странные люди:
Неясно, какого рожна
Мы спорим, доходим до сути,
А суть никому не нужна.

***

Еврею неважно – он там или тут:
И в жарком Крыму, и на дальней Аляске
Евреи где хочешь легко создадут
Русский ансабль песни и пляски.

***

Я Вас люблю! Тому свидетель Бог!
Нет женщины прелестней Вас и краше!
Я ровно в полночь был у Ваших ног...
Потом гляжу: а ноги-то – не Ваши!

***

Бывают драки, споры, пересуды...
В семье, порой, не так уж образцово...
Но бедные простую бьют посуду
А богачи – сервиз от Кузнецова.

***

Скажу вам просто, без затеи,
Что в ситуации любой
Сближают общие идеи.
Сильней сближает мордобой.

***

Могу посоветовать только одно:
Коль, споря с любимой супругой,
Она тебя вышвернет прямо в окно –
Не следует хлопать фрамугой!

***

Умных книг учил я очень долго.
Говорит и Библия, и Тора:
Очень важно, чтобы чувство долга
Было меньше чувства кредитора.

***

Орала женщина во всю благую мочь.
Бил женщину разгневанный мужчина.
А я не знал, кто прав, и в чём причина...
Но так хотелось мне ему помочь!

***

Идёт умов утечка из России...
Текут сюда. Но парадокс в ином:
Мне просто любопытно – что за силы
Их по дороге делают говном?

***

О, женщина! Всё-таки ты из одних
Прекрасных, но странных творений.
И факт, что у жён не своих, а чужих
Совсем не бывает мигреней.

***

...у царя Соломона было 600 жён.
Был заботой всегда окружен.
Никогда он не лез на рожон.
Ну, а слыл Соломон очень мудрым
Потому, что он слушался жён.

***

Я образ жизни замкнутый веду.
Живу тихонько, ближним не мешая.
Но я всегда на выручку приду...
Конечно, если выручка большая.

***

Чтоб дочь вела себя прилично,
Чтоб сын не вырос раздолбаем -
Мы спим и видим. И обычно
Благополучно просыпаем.

***

Фортуна в руки не даётся,
Она ведёт себя, как хочет:
Сначала вроде улыбнётся,
А после – над тобой хохочет.

***

Шутить я не умею плоско,
Но всем скажу, не для красы,
Что неудач моих полоска
Длиннее взлётной полосы.

***

В нас часто проявляется плебейство...
Ну, что ж, один – атлет, другой – Атлант.
Несовместимы Гений и Злодейство,
Но совместимы зависть и талант.

***

Яви мне милость, всемогущий Бог!
Прости, что оторвал тебя от дел...
Но если сделал ты, чтоб я не МОГ,
То сделай так, чтоб я и не ХОТЕЛ.

***

А время нас и лысит, и беззубит,
И с каждым днем становимся мы старше.
И жены нас по-прежнему не любят,
И очень редко любят секретарши.

***

Евреев не браню,
Но с ними трудно жить:
Еврей не ест свинью,
Но может подложить.

***

Взаимность в любви – это как кислород
Любовь – недоступна для критиков.
Политики – очень не любят народ.
Народ – ненавидит политиков.

***

Жизнь бы сделать чуток подлинней,
Чтоб годов нам не чувствовать бремени...
Разбросал я немало камней,
А собрать – вряд ли хватит мне времени.

***

Непонятно мне ещё пока
Это драма или же комедия?
Для прогресса нам нужны века,
Для регресса – два десятилетия.

***

Мы живем в окружении строгом,
И поступкам всегда есть свидетели.
За грехи – наказуемы Богом.
Человечеством – за добродетели.

***

Возьми себе на карандаш –
Жён надо понимать особо:
Коль говорят: "Люблю до гроба",
То гроб в виду имеют наш.

***

Я отвечаю гнусным обвинителям,
Моим врагам и внутренним и вне:
Да, я – еврей. Но только по родителям.
И чистый украинец – по жене.

***

Мы убеждаемся воочию –
Всё математика решает:
Коль сам не СЛОЖИШЬ полномочия –
То кто-то просто ОТНИМАЕТ.

***

Всё реже разговоры о подружках,
И мыслей стало больше благородных.
А если говорим мы о подушках,
То речь не о чужих. О кислородных.

***

Я пил, гулял и отдыхал,
Курил, играл, ходил по краю...
Я полной грудью жизнь вдыхал!
Вдыхал... А нынче выдыхаю.

***

Хоть и жилось нам очень туго,
Но мы всё ждали, что свобода
Нас встретит радостно у входа!
Жаль не узнали мы друг друга....

***

Если дошли вы до точки кипения,
Если на свете вас всё огорчает,
И переполнена чаша терпения,
То отхлебните...И вам полегчает.

***

Не буду разбирать я мелочей,
По мне что быдло, что интеллигенция,
Но сволочи не любят сволочей!
У них, похоже, тоже конкуренция...

***

На свой аршин других не буду мерить.
Возможно, я скажу сейчас банальность –
От глупой фразы «Людям нужно верить»,
Меня давно избавила реальность.

***

Размышления олененка

Папа гордится своими рогами.
Мама гордится своими ногами.
Значит, рога вырастают в итоге,
Если у мамы красивые ноги.

***

Ёжик круглый и колючий
Всех колол на всякий случай.
Думал: "Буду обижать -
Будут больше уважать".
Если ты колюч, как ёж,
То друзей с трудом найдешь.

***

Волк за зайцем гонится по следу.
Чует запах. Верует в победу.
Нет у зайца времени дрожать,
И его победа – убежать.
Подрастете и поймете, дети:
Разные победы есть на свете.

***

Бабушку внучка не видела долго,
И перепутала бабушку с волком.
Детки! Чтоб волк не объел ваши кости,
Чаще ходите к бабушкам в гости.

ЭПИГРАММЫ

Эдуарду Тополю

Меня писатель, может, не простит,
Но я скажу: "Не я. Ни сном ни духом."
Как жаль, что тополь много шелестит.
И жаль, что плодоносит только пухом.

* * *

Борису Моисееву

Не знаю, как с этим я справлюсь -
Мне душу раздвоенность губит:
С одной стороны – бабам нравлюсь,
С другой – мужики меня любят.

* * *

Армену Джигарханяну

Я сто ролей сыграл в кино.
Какие это были роли!
Любил я женщин, пил вино,
Я говорил: «Чего же боле?..»
Играл французов и армян,
Играл биндюжника – еврея,

Порой я – вор, порой – Тристан,
Но жизнь артиста – лотерея.
И в свете этих перемен
Мне стала роль одна расплатой:
Не говорят: «Привет, Армен»,
А говорят: «Привет, Горбатый!»

* * *

Владимиру Вишневскому

Жаль, что тесны Вам рамки одностиший...

* * *

Владимиру Сорокину

Жизнь всё по полочкам расставит...
Так будет и на этот раз:
Чуть потеплеет – "Лёд" растает,
И смоет "Сало" в унитаз.

* * *

Андрею Макаревичу

Куда девался бывший всенародный кумир,
Отмеченный божественным знаком?
Да просто он прогнулся под изменчивый мир.
И видно, что прогнулся со «смаком».

* * *

Гомеру
*(в древней Греции певцов часто называли
аэдами)*

Гомер, великой Греции поэт,
Был в древности ужасно знаменит.
Всем представляясь, говорил: - Аэд.
Чтоб кто-то не подумал, что аид.

* * *

Аркадию Арканову

Зачем чужое нам кино,
Зачем чужие нам кумиры?
Открыть пора уже давно
АРКАНский фестиваль сатиры.

* * *

Наташе Королёвой

При чём тут голос? Чепуха.
Ну посудите сами:
Зачем певице брать верха,
Когда берёт низами.

* * *

Максиму Галкину

Он в буднях нашей скучной прозы
Всем доказал своим примером,
Что можно стать миллионером,
Не отвечая на вопросы!

* * *

Игорю Николаеву

*Из газетной статьи: «Певец,
композитор, поэт...»*

Жаль, слуха у меня в помине нет,
А в остальном – совсем небездуховен.
Но я скажу вам: если он – поэт,
То я для всех – как минимум, Бетховен.

* * *

Евгению Петросяну

Как юморист — известней всех,
Есть слава, публика, успех.
Вот жаль, что юмор Ваш натужен.
А, впрочем, Вам он и не нужен.

* * *

«....Петросян назван "иконой национальной культуры...»

Вот солнце взошло и рассеяло мглу.
Нам нужно талант по достоинству взвесить.
Конечно иконы все ставят в углу,
Но эту мне хочется просто повесить...

* * *

Игорю Губерману

А Ваш анфас гораздо лучше в профиль...

* * *

Яну Арлазорову

Пройдут года, пройдёт эпоха,
Наш Ян останется в веках.
И скажут: «Барин жил неплохо...
Но выезжал на мужиках».

* * *

Сыну

Ну вот, виски мои теперь седы...
Я понимаю – жизнь несправедлива.
Нет, сын мне не подаст стакан воды.
Обычно он приносит кружку пива...!

* * *

Геннадию Зюганову

*«Я сам провел 1700 судов за эти годы,
отстаивая право и партии, и себя,
как гражданина, на свободу слова
и достойную политическую жизнь.»*
*Из ответов Зюганова
на вопросы «Газеты.ру»*

Нам стало понятно с годами:
Он призван быть новым Мессией,
Как только покончит с судами –
Немедля займётся Россией.

* * *

Михаилу Жванецкому

Мне объяснить всё это сложно.
Гипноз? А может, наваждение?
Читать глазами невозможно...
Со сцены слушать – наслаждение.

* * *

Николаю Баскову

Ах, песня нашу душу греет.
Но на эстраду не пролезть тем,
Кто оказаться не сумеет
И в нужный час, и с нужным тестем.

* * *

Регине Дубовицкой

При производстве есть отход.
Так повелось: где сталь – там шлак.
И вот уже который год
При юморе идёт «Аншлаг».

* * *

Михаилу Задорнову

Ах, как же Задорнов не любит Америку:
То визу он рвёт, то впадает в истерику.
Как явно актёр в Михаиле играет:
Чужих ненавидит, своих – презирает.

* * *

Леониду Якубовичу

Вразрез несчастной русской доле
Сам Бог послал его с небес.
Без Вас, возможно, было б поле.
Но только не было б чудес.

* * *

Алле Пугачёвой -
Мадам Брошкиной

Я лично думаю одно:
Догнать Вам транспорт нету шансов.
А поезд Ваш ушёл давно...
Ещё в эпоху дилижансов.

* * *

Фридриху Незнанскому

Написано с изяществом
Сто книг Его Величеством.
Давно берёт не качеством –
Давно берёт количеством.

* * *

Кристине Орбакайте

«Всё гармонично», – говорят в народе.
Никто её за песни и не хает.
Кристина отдыхает на природе...
Природа на Кристине отдыхает...

* * *

Ларисе Рубальской

С души снимите часть греха
И в песнях проявляйте прыть.
Ведь в них убожество стиха
Несложно музыкой прикрыть.

* * *

Анатолию Трушкину

Вполне своей доволен долей
Наш беллетрист и сценарист.
И шутит Трушкин Анатолий
Почти совсем, как юморист.

* * *

Илье Резнику

*В интервью поэт-песенник Илья Резник заявил,
что собирается уйти из шоу-бизнеса и отныне
будет писать стихи военным и детям. Газета
"Курьер" за июль 2000 г.*

Хорошо, пускай матрос.
Я согласен – пусть солдат.
Но возник один вопрос:
В чём ребенок виноват?!

* * *

**ЭпигДамма,
писаная ВладимиДу Вольфовичу
во вДемя сильного насмоДка**

Над Вами шутит каждый паДодист.
На Вас давно надет колпак шутовский.
Возможно, по отцу Вы и юДист,
А кто же Вы по маме? ЖиРиновский?

*Туалетная вода "Жириновский" поступила
в продажу в России*

Верю, Россия от радости ахнет.
Нет, вы не смейтесь, всё это – не шутки:
Скоро страна Жириновским запахнет!
К счастью, все запахи держатся сутки.

* * *

Эдуарду Лимонову

Очистим родину от посторонних!
Прочь и нехристь, и иудей!
Эдик Лимонов – ярый сторонник
Нац – и – анальных идей.

* * *

Елене Камбуровой

Слушал Вас, прикрывши веки,
Не разыгрывая страсть.
Очень жаль, что я – не греки:
Мне Елены не украсть.

* * *

Николаю Фоменко

Прикол, представьте, на приколе.
Да, Николай в приколах – ас.
Я помню – так шутили в школе,
Когда ходил я в третий класс.

Виктору Лошаку,
Главному редактору журнала «Огонёк»

Конфликты - не его конёк.
Он выверяет каждый шаг.
И тихо тлеет «Огонёк»
Со скоростью в один лошак.

* * *

Левону Оганезову

Ах, если б дали мне права,
Я б без раздумий и сомнений
В твой паспорт (если есть графа)
Вписал: «Национальность – гений».

* * *

Анжелике Варум

О, как эстрада многолика!
Вчера услышал нежный писк,
И догадался: Анжелика
Нам нашептала новый диск.

ЭПИГРАММЫ

* * *

Алексанру Пескову

Пускай талант Пескова не предаст!
Ну, кто ещё сумеет под «фанеру»
Нам передать движенья и манеру?!
А зритель знает: Саша – передаст!

* * *

Роману Виктюку
На постановку «Мастера и Маргариты»

Что гениален наш Роман,
Доходит не до всякого:
Роман сумел убить роман
Бессмертного Булгакова.

* * *

Ирине Аллегровой

Ой, бабы все – стервы. Послушать певицу –
Так лучше попасть в лапы страшному зверю.
Но так убедительна Императрица,
Что сам Станиславский сказал бы ей: «Верю»

* * *

Александру Розенбауму

*«Мне стих без музыки так редко
удаётся...»*
А. Розенбаум.

Конечно, кое-что у Вас поётся,
Но вот подход к поэзии неточен:
Вам стих без музыки совсем не удаётся.
Да и, пожалуй, с музыкой – не очень...

* * *
Олегу Митяеву

Живём и повторяем мы, как стандарты ГОСТа.
Летит над миром строчка, как с этим ни борись.
Боюсь, что очень скоро услышим хор с погоста:
«Как здорово,
    что все мы здесь
       сегодня собрались»

* * *
Алсу

Не дай Бог с голосом Алсу
На помощь звать в глухом лесу.

* * *
Вахтангу Кикабидзе

Я иду по сцене, я иду по сцене,
Как идут по взлётной полосе.
Знаю я прекрасно Кикабидзе цену
И своей немеряной красе.
И в улыбке губы, раздвигаю губы:
Чем не голливудский я артист?!
Пусть все видят зубы…Потому что зубы
Новые поставил мне дантист.

* * *
Людмиле Гурченко

Такую вторую увижу едва ли я.
У Гурченко нашей – осиная талия.
Но вот, что всё время меня поражало:
Зачем ей впридачу осиное жало?

* * *
Льву Дурову

Как сложно в себе нам себя укрощать,
Сомненья в душе одолев.
А этот актер может всё совмещать,
Поскольку и Дуров, и лев.

* * *
Валерию Меладзе

*В одном из интервью певец заявил, что его давней
мечтой было исполнить песню на своём родном
языке, то есть на грузинском.*

«На холмах Грузии лежит ночная мгла.»
А.С.Пушкин

Я родину люблю из-за угла.
Прекрасны апельсиновые рощи...
На холмах Грузии лежит ночная мгла,
И жить в Москве, друзья, намного проще.

* * *
Михаилу Леонтьеву

Леонтьев, конечно, явление,
Что скажет - всегда обосновано.
Однако, особое мнение,
С кем надо давно согасовано.

* * *
Борису Акунину

Ну, писатель, отвечай-ка,
Что же нового нас ждёт?
Прочитал «Акунин. "Чайка"»
Где «Акунин. "Идиот"»?

* * *
Маше Распутиной

Её любить я буду до конца!
Жизнь без неё скучна мне и постыла.
Как Маша узнаваема с лица,
Так Маша узнаваема и с тыла!

* * *
Леониду Ярмольнику

Размышляя он о многом,
Понимал ещё школьником:
Очень трудно стать Богом,
Но труднее – Ярмольником.

* * *
Еврею-масону

Курит, пьёт, играет или ест –
Он себя к великому готовит.
Но когда накладывает крест,
То невольно чертит могендовид.

* * *
На концерт российских «звёзд» эстрады

Судить не хочется мне строго,
Но это все напоминало
Бритье свиньи, где визгу много,
А шерсти – до смешного мало.

* * *
Еврею

Еврей умён. Еврей совсем не прост.
Еврей всё видит, слышит, подмечает.
И что удобно – что на свой вопрос
Еврей себе мгновенно отвечает.

* * *
Шотландцу

Есть у народности любой
Уловки или трюки.
Шотландец, если «голубой»,
То НАДЕВАЕТ брюки!

* * *
Украинцу

Кто – с Волги, кто – с Днепра, а кто – с Оки -
Все нации в Израиль вдруг подались.
Привозят украинцы рушники,
И уверяют всех, что это – талес.

* * *
Друзьям, разбирая старые фотографии

Гляжу на нас и думаю: «О Боже!
Мы, видно, очень трудной шли дорогой.
Как хороши, как свежи были рожи...
Но это было в юности далекой».

* * *
Автоэпиграмма

Был глуп, беззуб и лыс, когда родился.
Прошли года. Я мало изменился.

* * *
Юрию Кушаку,
главному редактору «Антологии Сатиры и Юмора XX века»

Я знаю Юру Кушака –
Всех юмористов вожака.
Вожак...Почти что демиург...
Не появился бы Панург!

* * *

**Виктору Черномырдину,
бывшему послу Российской Федерации
в Украине**

Послом? Ну, это полбеды...
Но отвечайте за слова!
Роль ахиллесовой пяты
Порой играет голова.

* * *

Борцам за чистоту расы

Несёте непомерные нагрузки ,
Чужие биографии терзая.
Но если кто и "чист" ещё из русских –
То это только русская борзая.

* * *

Дмитрию Медведеву

> *«Мои слова в граните отливаются»*
> *Д.Медведев*

Слова ОТЛИВАЮТ из меди и стали!
А вот на граните слова ВЫБИВАЮТ!
Но граждане нынче покорными стали:
Медведева слушают — и отливают......

* * *

Партии «Яблоко»

Как заманчивы сила, и деньги, и власть.
В Думе столько народу – не стать и не сесть.
И, казалось, что яблоку негде упасть..
Оказалось, что есть...

* * *

Борцам за власть

Вовсю идёт борьба за власть!
Кипят нешуточные страсти.
О, как же низко нужно пасть,
Чтобы достигнуть высшей власти!

* * *

Виктору Шендеровичу

Пусть дует Вам попутный ветерок,
Но знайте, закусивши удила,
Что лучше «Дружба» — плавленый сырок,
Чем та же «Дружба», но бензопила.

* * *

Илье Резнику
На попытку написать эпиграмму на меня

Как же можно язык так калечить безбожно?..
С этим текстом, Илья, Вы натерпитесь сраму.
Попросили б меня (мне, поверьте, несложно) –
Я б для Вас написал на себя эпиграмму.

БАСНИ

Бобровское...

Раз у Бобрихи Мышь спросила:
«Ну, как твой муженёк?..Я встретила Бобра –
Красив, умён. И в нём такая сила!
Он нёс домой огромных два ведра...»
«Не спрашивай!» — Бобриха отвечала. —
«Конечно, он хорошим был сначала,
Но поседел — и, видно, бес в ребро!
Из вёдер — ну, хотя б одно ведро
Домой принёс! Так нет же – всё куда-то!..
Вот круглая была у нас с ним дата,
А он забыл — пришёл домой под утро.
Ну, я, конечно, поступила мудро —
Ему словечка не сказала даже...
Но норку поготовила к продаже...
Бобра я встретила недавно помоложе!
Теперь с другим делить я буду ложе!»
Прошло всего полгода, и глядишь —
Опять Бобриху повстречала Мышь.
– Как новый твой? Небось, всё тащит в дом?
– Ну, что сказать?! Хоть верится с трудом,
Сперва он в дом тянул, ну, а сейчас– из дому..
Наверно, я теперь вернусь к седому.

- - - - - - - - -

А где мораль?! При чём же тут мораль.
Не баснописец я — весёлый враль.
И пусть Бобрихи все меня освищут,
Но ясно: от Бобра Бобра не ищут!

Однако, басня

Однажды Царь Зверей в лесу
Гулял и повстречал Лису.
— Скажи, голубушка,— он мягко прорычал, —
Где наш Козёл? Давно его не видел.
Козла случайно кто-то не обидел?
Я бородатого с недельку не встречал.
Царю Лиса в ответ:
— Да ты смеёшься, Лев?!
У Бородатого в лесу давно «свой хлев».
И в нём удобно очень, и свободно.
Обидит сам Козёл кого угодно!
Да взять Бобра — хотел построить плот.
Козёл его ругал с таким азартом:
«Однако, ты — Грызун! Ты чуждых сил оплот!
Купился на заморский сладкий плод!»
И так орал, что чуть не слёг с инфарктом!
— А что Грызун? Он так и строит плот? —
Лисичку Лев спросил.
— Конечно, строит!
Неужто же Бобра Козёл расстроит?
Он на Козла уже давно плюёт!
Однако, наш Козёл теперь всё чаще
Ругает близлежащие к нам чащи.
А дальние — слыхала это лично,
Ругал, однако, очень неприлично.
— Да, ладно, — Лев сказал, — пускай ругает.
Он думает, что мне он помогает.

- - - - - - - - -

Я на мораль не буду тратить слов.
Откуда же морали у Козлов?..

Ишак-поэт

Мог малость рифмовать один Ишак.
Где научился — это всё не важно,
Но он ходил солидно и вальяжно,
Копытами печатал каждый шаг.
Однажды он забрёл на скотный двор,
А там гуляла с выводком наседка.
Ишак сказал: «Послушай-ка, соседка,
Есть у меня серьёзный разговор.
Для мужа твоего, для Петуха,
Я нынче приготовил два стиха.
Но ты же знаешь, наш Петух — такая Птица,
Что мне к нему сейчас не подступиться.
И перед ним дрожу я, как овечка.
Ты закудахчи за меня словечко.»
.......С тех пор И-а смог сильно преуспеть:
Его стихи все стали разом петь.
И, кстати — кто из нас не без греха —
Он позабыл давно про Петуха.
А Ишака зовут на свадьбы, на парады,
Особенно на скотный двор эстрады.
И ходит он весёлый и игривый,
И машет завитою серой гривой,
А свой когда-то серый лапсердак
Сменил на новомодный белый фрак.
Его теперь все называют асом.
Но иногда, укрывшись за кустом,
Ишак ушами машет и хвостом —
Всё пробует взлететь... А дело в том,
Что возомнил себя И-а Пегасом...
Мораль: Чтоб не точить балясы,
Есть Ишаки, а есть Пегасы.

Индюк-лидер

Один Индюк решил известным стать.
Сказал он всем: «Во мне и вид и стать,
И даже вес. Хорош в любых обличьях!
Пойдём прямым путём.
С лап отряхнём мы прах,
Вперёд, друзья! Вперёд на всех парах!
Я — лично о правах забочусь птичьих!
Достаточно на Птичник наш взлянуть:
Все Утки ожирели свыше нормы,
И клювы Уток чужеродной формы!
Давайте, чтобы время не тянуть,
Вокруг меня скорей обьединяться.
Мы так сильны. Нам некого бояться!
Вот Воробьи на птичнике порхают —
Они теперь чириканьем нас хают.
И ко всему порхатые уродины
Почти объели все кусты смородины.
Всех, кто захочет, я зову ко мне!
Пусть лапы у меня и в гуане,
Но Птичник — историческая родина.
Мы образуем партию «Смородина»,
И в наших процветающих пенатах
Не будет места для чужих пернатых!»
За Индюком пошли немедля Куры,
Да что с них взять? Все знают — Куры-дуры.
Но странно — примитивностью идей
Индюк привлёк Гусей и Лебедей.
Мне на мораль хватило б и строки,
Но всё же я добавлю пару слов:
Коль дефицит на истинных Орлов,
То в лидеры выходят Индюки.

РАЗНОЕ и ОБразное

* * *
Зарисовка

> Духовной жаждою томим,
> В пустыне мрачной я влачился
> И шестикрылый серафим
> На перепутье мне явился.
> *А.С. Пушкин*

С похмелья, жаждою томим,
Слегка лечился...
Тут шестиРылый Серафим
Ко мне явился.

Бутылку с пивом я открыл,
Хлебнул отраву.
Нет, ни одно из этих рыл
Мне не по нраву!

И захотелось как-то враз
Заматериться.
Двоилось – было! И не раз.
Но шеститериться?!

Тут мало пива и двоим -
Бутылка только.
Иди отсюда, Серафим!!!
Вас вон - то сколько...

* * *

«Не верь, не бойся, не проси»
Лагерный закон

Молись хоть Богу, хоть иконам,
Но чтобы выжить на Руси
Живи по лагерным законам:
Не верь, не бойся, не проси!

* * *

Письмо крымскому другу

«...Но ворюга мне милей, чем кровопийца...»
«...курица не птица,
но с куриными мозгами хватишь горя...»
И. Бродский
(Письма римскому другу)

Тут, как всюду: есть и воры, и убийцы...
Ты же помнишь наши Средние Устюги.
Но скажу, что мне милее кровопийцы,
Чем презренные и наглые ворюги.

Вот представь себе: какой-то там душитель,
Ну, задушит пару-тройку. Так поймают.
Но зато как будет рад наш местный житель:
Значит, органы следят и не зевают!

Пригрозит ножом, и даже пистолетом.
Отберёт пальто и снимет с вас серёжки...
Так народ пальто другое купит летом,
А встречают здесь у нас не по одёжке.

Тут с ворюгами дела куда сложнее...
Все в начальство вышли. Очень много сброда.
Кабинеты их давно на нашей шее.
Значит, все они — на шее у народа.

Ты писал когда-то — «курица не птица,
Но с куриными мозгами хватишь горя».
От проблем всех просто хочется напиться,
Хорошо ещё вина и водки — море.

Да, палёной... И не каждый выживает,
Не поверишь — люди мрут, как тараканы.
Мне всё кажется — нас просто выживают,
А ворюги отдыхать летают в Канны...

Значит, курица, ты говоришь, не птица.
Что нам спорить — я узнаю у соседки.
Тут у нас всё больше суши или пицца
Казино вокруг, бильярдные, рулетки.

Вот сейчас опять к началу возвращаюсь:
Кто мне ближе — кровопийцы ли?.. Ворюги?
Я с тобой, мой друг, уже почти прощаюсь...
Да, привет тебе огромный от супруги...

Но скажу, дойдут, надеюсь, эти строчки,
Хоть и скачешь ты по странам всем галопом...
Кровопийца режет нас поодиночке,
А ворюга — убивает сразу скопом.

P.S.
Воду с газом отключили повсеместно.
Нет зарплат, а по квартирам бродят вьюги...
А теперь как на духу ответь мне честно:
Что же лучше — кровопийцы иль ворюги?..

* * *

Письмо московскому другу

«Если выпало в Империи родиться,
Лучше жить в глухой провинции у моря...»
                    И. Бродский
                    (Письма римскому другу)

Здесь дешевле и яйца, и масло,
И дешевле печенье «Привет».
А вчера всё в округе погасло,
Так что меньше заплатим за свет.

Есть у нас и другие заслуги:
Явно чище вода из реки.
И, конечно, народные слуги
От народа не так далеки.

Но и тут разгораются страсти,
Ты мне на слово просто поверь.
Так что требуют местные власти
По московским расценкам теперь.

Правда, есть преимущество тоже:
Хоть без газа мы несколько лет
Там в райцентре бензин подороже,
А у нас его, к счастью, и нет.

Слава Богу, что тут — не Столица,
Но и там не пристало тужить!
Если выпало сдуру родиться,
Нужно просто смириться и жить.

* * *

Мысль изреченная есть ложь.
Ф. Тютчев

Мысль изреченная есть ложь?
Да это явные наветы!
Все эти Тютчевы и Феты —
Нет, с ними правды не найдешь.
Да я вступил бы с ними в спор!
Нельзя же ляпать, что попало!
Им проще — их давно не стало,
А мне не верят до сих пор.

* * *

Я ухожу к отверженным селеньям...
А. С. Пушкин

Пришел к тебе. Принес с собой пакет
(Прими подарок скромный от поэта).
А в нем — кета. Нежнейшая из кет,
Но ты сказала, у тебя — диета.
Ужель судьба мне одному свой крест
Нести с моей печалью и сомненьем?
Ну вот и всё. И вновь один, как перст.
Я ухожу с отверженным соленьем.

* * *

*Вот так уж ведётся на нашем веку:
На каждый прилив — по отливу,
На каждого умного — по дураку,
Всё поровну, всё справедливо.*
Булат Окуджава

Но кажется мне, что на стыке времен
Всё надо по-новому взвесить:
Наметился явный прогресс дураков.
Их нынче на умного — десять.

* * *

Возьмёмся за руки, друзья,
Чтоб не пропасть поодиночке.

Булат Окуджава

Возьмемся за руки. Без паники.
И, вспомнив Окуджавы строчки,
Все соберёмся на «Титанике»,
Чтоб не пропасть поодиночке.

* * *

Не обещайте деве юной
Любови вечной на земле...

Б. Окуджава

Поэты нам советы завещали,
Чтоб вечной мы любви не обещали,
Что это — нехорошая стезя.
Любовь всегда кончается слезами.
Но девы нас обманывают сами.
Прелестницы! Простите, так нельзя!

Совсем другие видятся аспекты:
Закрыв глаза на мелкие дефекты,
(Которых, впрочем, вовсе нет у нас,)
Любовей сами требуете вечных,
И требуете платьев подвенечных,
И тащите нас в праздничный палас.

Подарки, кольца, серьги и браслеты —
Нам очень трудно уложиться в сметы,
Мы успеваем страшно обнищать.
А если подойти к здоровью строго —
До вечности осталось так немного...
Ну, как же вам любовь не обещать?!

* * *

Из дома вышел человек...
. . . .
И с той поры,
И с той поры,
И с той поры исчез.

Даниил Хармс

Он имя своё на столе позабыл,
Забыл, как часы или зонт.
И, выйдя на улицу в том, чём и был,
Отправился за горизонт.

И брёл сквозь людей, невзирая он на
чужие глаза и плащи.
Шумела толпа и гудела она,
Как пущенный вслед из пращи

в горбатую спину осколок стекла,
готовый сразить наповал...
Цветная толпа всё текла и текла.
Он шёл и слегка напевал.

Палила жара, омывали дожди
И чёрт под ногами сновал.
Друзей, что кричали ему: «Подожди!»,
Он попросту не узнавал.

А сколько ещё? Ну, быть может, сто лет
И днями бродить, и в ночи...
Да просто он имя забыл на столе.
Забыл, как от дома ключи.

* * *

Аркадию Арканову

«Мир – театр, а мы в нём – актеры»

А наша жизнь давно уже рутинна,
И каждый в ней свою играет роль:
Вот кто-то — деревянный Буратино,
А рядом с ним — не очень добрый тролль.

Хоть сами лицедеи — верим в сказки.
Театр в театре — радость за гроши.
И в масках мы глядим на чьи-то маски,
И плачем, и смеёмся от души.

На ниточках мы дёргаемся тоже.
Кто дёрнулся сильнее, тот кумир.
Неважно — мы на сцене или в ложе.
Вокруг — актёры. Наш театр — мир.

Не в наших силах изменить сценарий.
Да и зачем? Не всё ли нам равно.
От первых слов и до финальных арий
За нас уже расписано давно.

До запятых заучены все роли…
Живёт поэт, играя и смеясь,
Напишет он стихи : «чего же боле…»
И, раненый смертельно, рухнет в грязь.

А это просто режиссёр — Всевышний —
Решил: вот здесь и догорит свеча.
Поэт в театре жизни — явно лишний.
И ввёл в спектакль образ палача.

Неважно, ты плебей или патриций,
Неважно, карбонарий иль премьер —
Вся наша жизнь идёт без репетиций,
А сразу начинается с премьер.

В театре жизни и секунды ценны.
Мгновенье — и сошёл на вираже.
Не доиграл последней мизансцены,
А занавес задёрнули уже.

Кто знает где, в какое время года
Придёт покой ненужный и уют.
И увертюра зазвучит как кода.
Но, к счастью, нам сценарий не дают.

* * *
«Земную жизнь пройдя до половины...»
Данте

Живём, от скоростей шалея,
О доброте своей трубя.
Но мы жалем не жалея
Мы даже любим не любя.

Себя Фортуне поручаем.
Бежим, играя с жизнью «блиц».
И, как всегда, не замечаем
Ни близких глаз, ни добрых лиц.

А время шепчет нам: не медли!
Всё надо сделать поскорей...
Скрипят несмазанные петли
Неверно выбранных дверей.

И, жизнь пройдя наполовину,
Хотел избрать я путь иной...
Но злится и толкает в спину
Толпа, идущая за мной.

* * *
Песня Шута

Яну Арлазорову

Я грустно-весёлый, я весело-грустный
И с очень ранимой натурой.
Совсем я не тощий и вовсе не грузный,
С отличной, красивой фигурой.
Все мысли мои и чисты,и прекрасны,
На мир я взираю наивно,
А правду в лицо говорить всем опасно.
Неправду — ужасно противно.

Себя в руках могу держать:
Где надо — промолчу,
А чтобы жить и не дрожать
Я всё шучу, шучу...
И пусть на шею у шута
Наложен толстый жгут,
Но шут хрипит из под жгута:
«Я шут , я шут, я шут...»

Я вас не обижу ни словом, ни вздохом,
Я просто лечу всех от сплина.
Иду я по жизни простым скоморохом,
А может, скорей, Арлекино...
Иду на виду я у публики строгой...
Пьеро я из будничной сказки.
Иду я красивой цветною дорогой...
И слёзы текут из-под маски.

* * *
Ах, если б жизнь по-новому начать —
Каких ошибок мы б не совершили,
И с тем бы, с кем не надо, не дружили,
Молчали бы, где нужно промолчать.

Учились бы не там, и вышли б в знать.
С другими бы, наверно, изменяли,
Мужей и жен бы на иных сменяли...
Ах, если б всё могли заране знать.

Не так бы воспитали б мы детей,
Которые не с нами бы зачались.
А может быть, куда-нибудь умчались,
Или прожили просто, без затей.

И наша жизнь бы не была пуста,
Не преступили б, где не надо, кромку,
А может, подстелили бы соломку,
И на другие падали б места.

Совсем не там бы проявляли прыть,
Но четко уяснив себе однажды,
Что в ту же воду не вступить нам дважды,
Мы продолжаем по теченью плыть.

И нас несет неспешная вода,
Несет туда, куда ведет теченье,
И создается даже впечатленье,
Что мы хотели именно туда...

Да, мир иллюзий нам необходим.
Плывем красиво кролем или брассом...
Каким бы ни был в плаваньи ты ассом —
Мы тонем стилем все-таки одним.

* * *

Как мало надо любимой:
Чтобы ее любили,
Чтобы ей говорили:
«Восхитительно сложена!»
Чтоб со звездой экрана
Сравнивали постоянно...
Но вот, что действительно странно —
Что того же хочет жена.

* * *

— Послушай, — я жене сказал, — жена,
Скажи мне правду, только не рыдая:
Как дом ты сможешь потянуть одна,
Когда уйду из жизни навсегда я?
Жена сказала: — Я смеюсь — нет сил.
Ну, как над остроумным анекдотом.
Ты в дом так мало денег приносил,
Что твой уход смогу считать доходом.

* * *

Баллада

Король решил помыться раз.
Что ж, в этом нет беды.
Потребовал немедля таз,
И мыла, и воды.
Он руки, шею умывал,
Согнувши тело вниз.
Да и совсем не ожидал,
Что ждет его сюрприз.
Крадётся шут к нему тайком
(Дурак смеяться рад).
И деревянным башмаком
Бьёт короля под зад.
Король не хочет ждать суда.
Король ужасно зол.
Король кричит: «Связать шута,
И тот час же на кол!»
Но, поостыв, сказал: «Шуты
Всегда шутили мерзко.
Прощу, коль извинишься ты.
Но извинишься дерзко.»
Шут молвил: «Нет моей вины,
Не заслужил я гнева.
Я не узнал вас со спины:
Я думал — королева.»

* * *

Этот солнечный город на карте
В нашей жизни — совсем не пустяк...
Мы туда не поехали в марте,
Собирались, но вышло не так.

И опять не попали в апреле,
Что-то, видно, у нас не сошлось...
Соловьиные нежные трели
Нам послушать, увы, не пришлось.

Ну, а в мае, июне, июле
Там обычно такая жара,
Что мы сами туда не рискнули.
Просто это не наша пора.

Август весь проторчали на даче:
Речка, поле, рыбалка, озон...
Что сказать, в сентябре и тем паче
Уезжать было нам не резон.

Ах, октябрь! Там райское время.
В ноябре — тишина и покой...
Сбросить с плеч бы усталости бремя
И на месяц расстаться с тоской.

Только, видно, опять не сложилось
Среди этих промозглых погод...
Весь декабрь пуржило, снежилось..
Обернулись — а тут Новый Год.

А потом — новогодние встречи,
И знакомых расширился круг...
В январе не могло быть и речи
Уезжать от друзей и подруг.

Весь февраль завывали метели.
Дома прятались, как в блиндаже.
Пару раз за столом посидели
И, пожалуйста, — нету уже...

Этот солнечный город на карте
В нашей жизни — совсем не пустяк...
Мы туда не поехали в марте,
Собирались, но вышло не так.

Ну и что, что за год не успели?
Но сказать мы от сердца должны:
Если есть настоящие цели —
Результаты совсем не важны.

* * *

Такая сырая пора —
Признаться, не помню я хуже.
И взрослые, и детвора
Буквально купаются в луже.
А, впрочем — возьмите вождей,
Слегка проведите по коже —
Они безо всяких дождей
Изрядно подмочены тоже.

* * *

«И плакал за вьюшкою грязной
О жизни своей безобразной...»
                    Саша Чёрный

В нашей жизни семейной — ни капли анархии.
Всё продумано четко. И, главное — строго.
Я на нижней ступеньке стою иерархии.
Даже ниже собаки. Хотя не намного.
У собаки — попоны. Соседкою связаны.
Одеваем мы пса, как последнего модника.
И плетемся, одною веревкою связаны.
Слава Богу, пока я хожу без намордника.

193

Поводок наш — надежнее цепи у узника.
Карабины, как на альпинистах, защелкнуты.
Вы скажите, зачем же рычать на союзника?!
Я в ответ не рычу. Я — не полностью чокнутый.
И живу, продолжая стареть и сутулиться,
Всей надежды — как тоненький лучик в окошке.
Вот когда-нибудь кошку найду я на улице,
И тогда уж за всё отыграюсь на кошке.

* * *

Ах, как мы жизнь свою ломаем,
Судьбу убогую влача.
И часто худшего не знаем
Мы ни врага, ни палача,
Чем сам себе. И врем себе мы
Гораздо чаще, чем другим.
Сперва придумываем схемы,
Потом себя под них кроим.
И платим жизнью, не деньгами.
Куда б судьба ни завела,
Но лик врага всегда пред нами,
Поскольку всюду зеркала.

* * *

После ресторана, на трезвую голову

Забываем мы напрочь,
То, что делать негоже:
Напиваемся на ночь.
Наедаемся тоже.
И себя же ругаем
Мы в конечном итоге,
Потому что рыгаем.
Потому что изжоги.
Я замечу вам мудро —
Делать так не годится.
Надо кушать нам утром,
И тогда же напиться.

* * *

«Мне надо на кого-нибудь молиться...»
Б. Окуджава

Увы, несовершенен мир...
Несовершенны люди, лица,
Но нам необходим кумир,
Чтоб было на кого молиться.

Неважен возраст, пол и ум.
И к чёрту разные резоны:
Важнее крик, важнее шум
Вокруг означенной персоны.

И под бравурный звук рожков,
И под свои аплодисменты
Мы создаём себе божков
И волочим на постаменты.

Для каждого божка — свой клир,
Но вот, по истеченьи срока,
С амвона созданный кумир
Вещает с наглостью пророка.

Скажу друзьям или врагам,
К толпы прислушивась гуду:
Молиться я могу Богам,
Но на кого-нибудь — не буду.

* * *

Суди меня за всё, мой Боже.
Вину измерить — нет мерил.
Суди меня всей паствы строже,
Хоть я не ведал, что творил.

За трусость, мелкие обманы…
Что ИМЯ всуе называл.
За то, что ждал безвольно манны,
За то, что жён чужих знавал.

Суди! Тебе же всё известно.
Хочу услышать Божий глас.
Но раны наносил я честно,
Не отводя стыдливо глаз.

Кто я? Не знаю и поныне —
Христианин? Иль иудей?
Прости, что не смирил гордыни,
И не люблю толпы людей.

Суди меня, великий Боже,
За всё. За лень и за стихи.
Суди меня всей паствы строже.
Суди! Но отпусти грехи.

* * *

Меня талантом не обидел Бог.
Он дал мне все, что можно, от рожденья:
Рост, шевелюру, дар стихосложенья,
А это — высшей милости итог.
Я не хочу быть понятым превратно,
И не ропщу. Но Богу — Бог судья:
Коль дал уже, чтоб тешилось дитя,
Зачем же было забирать обратно?

Made in the
USA
Lexington, KY